U0108531

從鴉片戰爭到軍閥混戰的百年影像史

壹玖壹壹

劉香成　編著

商務印書館

本書由後浪出版諮詢（北京）有限責任公司及世界圖書出版公司授權
商務印書館（香港）有限公司出版繁體版，在中國大陸、香港、台灣、
澳門及其他中文世界發行。

壹玖壹壹

從鴉片戰爭到軍閥混戰的百年影像史

編 著 者：（美）劉香成

出版統籌：吳興元　毛永波

責任編輯：董　良　徐昕宇

設計排版：Di

裝幀製造：墨白空間

出　　　版：商務印書館（香港）有限公司

　　　　　　香港筲箕灣耀興道 3 號東滙廣場 8 樓

　　　　　　http://www.commercialpress.com.hk

發　　　行：香港聯合書刊物流有限公司

　　　　　　香港新界大埔汀麗路 36 號中華商務印刷大廈 3 字樓

印　　　刷：北京圖文天地製版印刷有限公司

開　　　本：889×1194 mm　16 K

版　　　次：2014 年 7 月第 1 版

印　　　次：2014 年 7 月第 1 次印刷

　　　　　　©2014 商務印書館（香港）有限公司

　　　　　　ISBN 978 962 07 5623 8

壹玖壹壹

從鴉片戰爭到軍閥混戰的百年影像史

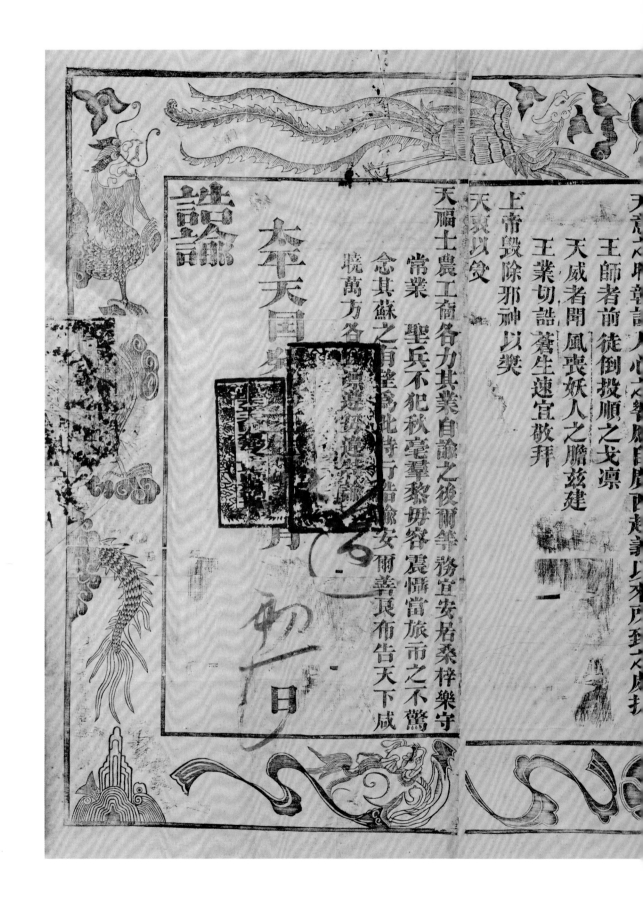

天福士農工商各力其業自諭之後爾等務宜安居桑梓樂守

王師者前徒倒投順之戈凜

天威者聞風喪妖人之膽兹建

天威以伏

上帝毀除邪神以災

王業切誥蒼生速宜敬拜

常業　聖兵不犯秋毫羣黎毋容震懾當旅市之不驚

念其蘇之有壑為此特丁告諭安爾華眞布告天下咸

曉萬方各□□遷安□□

太平天國第　　月　　日

諭

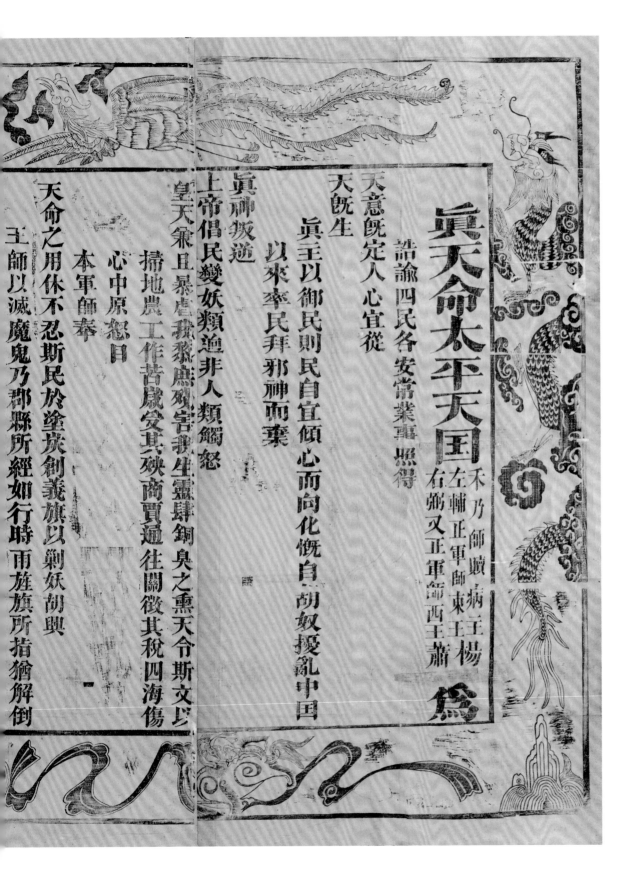

真天命太平天囯左輔正軍師東王楊
右弼又正軍師西王蕭

禾乃師贖病主為

誥諭四民各安常業事照得

天意既定人心宜從

天既生

真王以御民則民自宜傾心而向化慨自胡奴擾亂中囯

以來奉民拜邪神而棄

真神叛逆

上帝倡民變妖類迥非人類觸怒

皇天氣且暴虐我黎庶烈宇非生靈肆銅臭之熏天令斯文以

掃地農工作苦歲受其殃商賈通往關徵其稅四海傷

心中原怒目

本軍師奉

天命之用休不忍斯民於塗炭創義旗以剿妖朝興

王師以滅魔鬼乃郡縣所經如行時雨旌旗所指猶解倒

太平天國癸好三年五月初一（公元 1853 年），

太平天國左輔正軍師東王楊秀清、太平天國右弼又正軍師西王蕭朝貴致四民各安常業誥諭（太平天國把東王的命令稱為「誥諭」）。

澳大利亞堪培拉澳大利亞國家圖書館（National Library of Australia, Canberra, Australia）

從鴉片戰爭到軍閥混戰的百年影像史

目錄

·7·

通往一九一一年的動盪之路：一部看得見的歷史

劉香成

如果說這些照片僅僅是外國人用有色眼鏡將中國人視為「異國情調」的證據，則失之簡單。它們銘刻着中華民族對歷史的集體記憶，讓人洞見前人文學作品或集體話語中抽象表述的「百年屈辱」。

有關這個話題的論著非常之多，本書則用攝影來全面「視覺」描述，努力成為最完美的一部攝影史。

我着手用影像為辛亥革命做編年史，心中不免惴惴。今年是 2011 年，武昌起義一百周年。辛亥革命推翻了清王朝，亞洲第一個共和國隨之建立。起義趕走了清朝統治者，但新生的中華民國仍聚居着不同國籍的人，這種狀況又持續了好些年。因此，我的研究從一次長途旅行開始：跨越中國大陸和台灣，橫穿歐洲和美洲，遍訪各地的公共展館和私人藏品。從東京到悉尼，從倫敦到巴黎，從洛杉磯到紐約，我看到了數目龐大的原始影像，被珍藏了一個多世紀。

1 周有光：《胡適與陳獨秀的分道揚鑣》，見《朝聞道集》，第181頁，北京：世界圖書出版公司，2010年。

2 Robert Bickers, *The Scramble for China* (Allen Lane, 2011), p. 10, 392.

3 Joel Martinsen,「Mapping the Hurt Feelings of the Chinese People」, posted on December 11, 2008, www.danwei.com. 這些國家及組織包括日本（47次）、美國（23次）、諾貝爾委員會（4次）、梵蒂岡、約旦、尼加拉瓜、南非，甚至柬埔寨。

4 Thomas L. Friedman,「Out of Touch, Out of Time」, *New York Times*, February 9, 2011.

20世紀中葉以來，西方知識分子一直關注着18、19世紀帝國主義的遺產。作為後殖民主義崛起的一部分，對殖民歷史和經驗這個棘手話題的表述屢屢出現在文學作品和歷史教科書中，較新的有畢可思（Robert Bickers）近著《爭奪中國》以及帕特里克·弗倫奇（Patrick French）所寫的 V. S. 奈保爾（Naipaul）傳記。中國知識分子對待這種遺產的方法卻不盡相同。2011年1月1日，台灣領導人馬英九於紀念辛亥革命百年的新年致辭中表示，中國人特別是知識分子對西方帝國主義的影響記憶猶新。1919年，美國國會拒絕簽署《凡爾賽和約》，該條約提出將德國在華「領土」和勢力範圍轉讓給日本。曾留學美國的哲人和教育家胡適說過一句名言：「哪有帝國主義？」[1] 儘管當時他為此飽受抨擊，但隨着越來越多中國知識分子認識到鄧小平領導的翻天覆地的改革汲取了美國式資本主義的營養，胡適的思想和觀念在中國大陸日漸復興。真相是，從19世紀和20世紀早期的中國，直到今天人們所理解的「版本」，長期以來都與西方通常敘述中的中國格格不入。將20世紀90年代開展愛國主義教育運動的理由歸結為中國人的受害者意識或民族屈辱感，則失之簡單[2]。

中國對《凡爾賽和約》的回應改變了這個國家的命運。中國知識分子怒不可遏，遂引發1919年的五四運動，抗議強加於中國的「西方帝國主義」。這場運動標誌着現代中國民族主義的誕生，代表着對晚清時期外國人半殖民式在華存在的心態。時至今日，中國對這種存在仍很敏感，一切與中國主權有關的問題都充滿了感情色彩：北京成功舉辦2008年夏季奧運會之前，發生在英國和法國火炬接力中的搶奪火炬事件激怒了中國的年輕人。一個名叫「Fang KC」的博主在網上檢索《人民日報》電子版，發現1946—2006年間有19個國家或組織被批評「傷害了中國人民的感情」，總計達115次[3]。就像《紐約時報》的專欄作家托馬斯·弗里德曼（Thomas Friedman）所說：「屈辱是人類情感中最具威力的，雪恥次之……」[4]

自五四運動以來，「屈辱」和「帝國主義」這兩個詞屢見不鮮，常常同時出現，因此為海峽兩岸的中國人所熟知。中國有文字記載的歷史綿延數千年，其間北方的蒙古人和東北的滿人曾侵入中原，但幾乎未引起屈辱或帝國

主義的概念。事實恰恰相反，倒是儒家學說和漢語最終將非漢族的入侵者同化進「本土」文化。因此，元朝和清朝毫無疑問地被認作是中國的王朝。

1911 年 10 月 10 日，武昌起義發生於湖北的中心武漢。起義百年即將到來之際，本影集構築了起義發生的動力——「屈辱與帝國主義」——的視覺大背景，並進一步揭示了起義如何加速清王朝的瓦解。若是沒有今日中國和平崛起以及代替日本成為世界第二大經濟體的現實，曾在整個 20 世紀飽嘗受害者意識影響的數代中國人也許只會把這些相片看作「老照片」。然而，本書用於展覽並彙聚成冊的圖像遠遠超越「老照片」，它們是五四以後中國知識分子心目中重要社會生活和事件的視覺紀錄，是我們的「共同記憶」。其內容包括 19 世紀下半葉的第二次鴉片戰爭、清帝國宮廷內的場景、權貴和貧民的日常生活，以及 1894—1895 年中日甲午戰爭、1900 年義和團運動、1904—1905 年中國領土上爆發的日俄戰爭。在 1911 年武昌起義之後十年的照片中，還可以看到袁世凱的影像。他未能如願加冕為末代皇帝，在其死後中國墮入軍閥混戰的十年。

為了從當代更廣闊的背景下考察這些問題，我邀請了周錫瑞（Joseph Esherick）、黃克武和張海鵬等知名學者從不同角度觀察 1911 年的革命。通過尋本溯源，他們的觀點將幫助我們思考各個事件的來龍去脈、成敗得失以及對百年後中國人的意義。

1839 年，法國人路易·達蓋爾（Louis Daguerre）發明了攝影。歐洲啟蒙運動和工業革命開啟了新時代，隨着西歐人到海外尋求新市場、攫取原材料和廉價勞力，攝影作為紀錄國內外社會的工具也在發展，與歷史學家的作品一道服務於上述目標。19 世紀晚期，外國傳教士到世界各地向非信徒傳播基督教福音時，攝影起到了不可思議的重要作用。來到中國的傳教士為那一時期中國歷史的豐富影像檔案增添了精彩的一筆。

在歐美，用照片展現 1860 年至第一次世界大戰末的中國及其人民，是向西方讀者介紹中國的重要手段。由此，這些影像作品所紀錄的歷史十分豐富，對於為現今讀者描繪舊時歲月至關重要。長期以來，西方學者一貫比同時代的中國學者更審慎地對待這些歷史紀錄，中國學者和影像史學家近些年才逐漸加入這一行列。

直到 19 世紀末，西方攝影師都在用鏡頭紀錄中國人的「原生態」（native type）[5]，重點展現「中國人的民族特點」。然而，許多照片卻是在攝影棚裏擺弄完成的，只有很少的在自然背景或家居環境中拍出來。相對於此，表現恐怖的死刑——通常是梟首——以及對「苦力」的執迷都是常見的主題。「苦力」（coolie）一詞的出現及使用，本身就在某種程度上說明當時對這些人的盛行態度。有歷史學者指出：「常見於照片說明中的『苦力』一詞，表明人們在解釋這一輩從印度、中國去往美國，後又返鄉的勞工時是僵化而過激的。從語源學看，這個種族蔑稱可追溯至殖民時代的印度，演化自泰米爾語（Kuli）或古吉拉特語（Koli）」[6]。19 世紀用各種方法將中國人描繪為「原生態」，以及執迷於死刑或裹腳，與約瑟夫·康拉德（Joseph Conrad）形

5 譯者註：「原生態」表明西方人看待中國人時的矛盾心情。一方面，西方經過工業革命的洗禮後，標準化的工業產品充斥於他們的生活。來到中國後，他們看到的是不夠整齊劃一的物品和自然的生活方式，因而帶有某種羨慕的眼光。另一方面，西方人難免帶着優越感看待中國文明，認為中國文明是原始的，甚至是野蠻的。

6 Sarah E. Fraser,「Chinese as Subject: Photographic Genres in the Nineteenth Century」, *Brush & Shutter: Early Photography in China*, Edited by Jeffrey W. Cody and Frances Terpak (Hong Kong: Hong Kong University Press, 2011), pp. 70, 99.

7　Joseph Conrad, *Heart of Darkness* (London: Penguin Group, 1973).

8　譯者註：方濟各會、多明我會、耶穌會為天主教的主要修會。耶穌會的利瑪竇認為只要不違背天主教的基本教義，祭祖尊孔的行為可以接受。他指定的繼任者龍華民雖然不同意利瑪竇的觀點，但耶穌會總體上寬容對待儒家禮儀。17世紀，當多明我會入華傳教後，將「禮儀之爭」逐漸由宗教爭論升級為政治糾紛。多明我會與方濟各會不斷向羅馬教廷抗議耶穌會對中國教徒的「縱容」，使得教皇克雷芒十一世頒佈所謂終極禁令，禁止中國教徒行儒家之禮。這導致康熙皇帝下令不再准許天主教在華傳教，而雍正、乾隆、嘉慶時期則採取了較為嚴厲的禁教政策。

9　Jean Chesneaux, 「China in the Eyes of French Intellectuals」, Journal of the Royal Asiatic Society Hong Kong Branch, Vol. 27, 1987.

10　Matteo Ricci, *The True Meaning of the Lord of Heaven*, translated by Hu Kuo-chu, S. J. and Douglas Lancashire (St. Louis: Institute of Jesuits Sources , 1985) .

11　Hilary Spurling, *Pearl Buck in China* (London: Simon & Schuster, 2010).

12　Niall Ferguson, *Civilization: The West and the Rest* (London: Allen Lane, 2011).

容的「高尚野蠻人」並沒有多大的區別[7]。

18世紀，羅馬教皇克雷芒十一世（Clement XI）作出有利於多明我教會（Dominicans）的裁決，否決了耶穌會的觀點。多明我教會提出，中國人的「信仰」及其實踐是偶像崇拜，一切對聖賢或祖宗的虔敬行為與崇拜魔鬼無異。兩個世紀前，利瑪竇及其耶穌會同仁在有教養的儒者身上發現「共生」關係，提出對帝王或祖先的崇拜並非與基督教精神水火不容[8]。

法國漢學家謝諾（Jean Chesneaux）的觀點很敏銳。他寫道，從早期耶穌會士、伏爾泰式的法國哲學家或主編《百科全書》的狄德羅等人著作的棱鏡中看中國就如同見到海市蜃樓。所有的看法都被抽象，成為法國哲學家和知識分子思考法國時局的理想模型。後者批評法國朝廷為古代政權，「效忠國王」（法國宮廷官員履行的死板官僚制度）。他們也將這一概念安放在中國頭上，儘管大部分法國哲學家從未到過中國，也不熟悉那裏的現實情況和複雜性。他們從耶穌會士的中國遊記中提煉出一套先進的官僚體制，也是由宮廷官員侍奉皇帝，但這些中國官員忠誠且機敏。

於是，中國藝術風格在歐洲宮廷中流行開來[9]。關於明代和清代早期中國人對基督教的接受情況，利瑪竇的著錄[10]與最新一部賽珍珠傳記中的描繪大相逕庭[11]。據後者所述，賽珍珠之父傳教士賽兆祥（Absalom Sydenstricker）在江蘇和安徽農村待了10年，「據他自己計算，共使10個人皈依」。利瑪竇努力使精英官員改信基督教，而之後的外國傳教士則在窮苦人中傳教。

19世紀晚期，在英法兩國的軍隊經海路抵達中國後，英國東印度公司和法國印度蘇伊士公司及其商業代表留下了與眾不同的發展軌跡。英國歷史學家尼爾·弗格森（Niall Ferguson）認為，之所以西方文明在早期取得成功，是因為到1500年時歐洲的幾大未來帝國握有全世界10%的領土，創造出40%多的財富；而到1913年帝國時代臻於頂峰時，西方控制了全世界60%的領土，共創造出全球80%的財富[12]。

人們如何感知歷史取決於歷史如何寫成。研究中國當代藝術的英國評論家凱倫·史密斯（Karen J. Smith）最近援引馬克·吐溫的話，他在回答「為什麼我們這麼厭惡過去」時說道，「因為它太讓我們丟臉了」。史密斯繼續寫道：「如果歷史像馬克·吐溫說得那樣使人蒙羞，也是因為我們相信如此。同樣，170多年來數代中國人乃至當代不少中國人都確信，從19世紀開始

13 Karen Smith, 「Monkey King Makes Havoc」, *Circle of Animals* (New York: Prestel, 2011).

14 Henry Sender, 「Breakfast with the FT: Stuart Gulliver」, *Financial Times*, February 25, 2011.

15 Victor Segalen, *Essay on Exoticism: An Aesthetics of Diversity* (Duke University Press, 2002), p.67.

16 Eliot Weinberger, *Oranges and Peanuts for Sale* (New York: New Directions, 2009), p.142.

帝國主義入侵者帶來的屈辱使他們蒙羞。這是需要糾正的。」[13]

在中國,書寫歷史是既複雜又敏感的事。2011 年初,據《南方週末》報道,中央黨史研究室連續四任主任歷時 16 年才重修完成 1949—1978 年的歷史。由於這部書並沒有提及諸如 1960—1962 年大饑荒的確切死亡人數這樣的問題,可以預見新中國這 30 年的歷史會很快引起熱烈的討論。北京英國駐華大使館邸中仍然保存着自 19 世紀起中英兩國接觸的版畫,它們靜靜地浮在牆上並不起眼,卻使人聯想起當年英國第一任來華使節馬噶爾尼勳爵(1737—1806)在大清帝國宮廷上立而不跪的場景。頗具諷刺意味的對比是,位於滙豐銀行香港總部 44 層董事長私人餐廳的牆上也曾掛有那段歷史的照片和版畫,後被悄然撤下。1997 年香港主權交還中國,牆上取而代之以昂貴的中國當代藝術作品,歌頌中國經濟的崛起。一位英國記者不無諷刺地評論說,此舉無疑是為了政治更正確[14]。

回顧 19 世紀和 20 世紀初直至 1911 年的照片,可以發現一個共同點。總體上看,這些照片的拍攝者基本是外交官、商人、軍火商、冒險者和旅遊家這幾類人,只有屈指可數的照片是職業攝影家拍攝的。中國及其民眾有時被塑造成異國的、粗魯的,有時把自己描繪為英勇的。1904 年,年輕的法國醫生維克多·塞加朗(Victor Segalen)駛向遠東,在中國和南太平洋度過了不尋常的 14 年,其間寫下《論異國情調》(1951 年)一書。在書中,他說「異國情調是差異性的證明」,人總是容易被所有「異國、意外、奇異、神秘等」的東西吸引,「一切都是『另一個』」[15]。艾略特·溫伯格(Eliot Weinberger)介紹米奇·愛潑斯坦(Mitch Epstein)攝影作品(史泰德 2006 年出版)的書中說道,異國情調是無知的一種類型,因此帶來莫名的震撼。進而,「攝影具有文本紀錄的真實功能,既承載了異國情調,也部分地將其瓦解」[16]。

在後現代世界,對於 1860—1905 年由訪華攝影師或模仿西方同行風格的中國影棚攝影師拍攝的中國人肖像,西方藝術史學家一直持批判態度。兩次鴉片戰爭之後,義和團運動和美國國會 1882 年 5 月通過的《排華法案》都對攝影負面甚至時常是種族歧視性地表現「中國主題」起到了關鍵作用。這些照片中的絕大部分拍攝並聚焦於通商港口(廣州、廈門、福州、上海、青島)、歐美租界以及日本軍營的生活。在歐洲的圖書館或收藏品中,許多照片檔案既包括中國的照片,也包括暹羅(泰國)、印度尼西亞、印度和日本的照片。

17　Wu Hung, 「Inventing a 「Chinese」 Portrait Style」, 「in Early Photography: The case of Milton Miller」 *Brush & Shutter: Early Photography in China*, Edited by Jeffrey W. Cody and Frances Terpak (Hong Kong: Hong Kong University Press, 2011), p.69.

18　Joseph Esherick, 「The Apologetics of Imperialism」, *Bulletin of Concerned Asian Scholars* (1972), Vol. 4, p. 9.

19　熊月之、馬學強、晏可佳選編:《上海的外國人:1842—1949》,上海:上海古籍出版社,2003年。

　　讀者朋友可以在本書中看到這種風格化照片的範例。收錄和遴選這些照片,為的是能展示西方攝影師如何描繪中國的物與人。中國藝術史學家巫鴻對美國攝影師彌爾頓·米勒(Milton Miller, 1830—1899,其作品見本書72—87頁)的大量照片説明作了巧妙的解構。米勒在攝影棚裏聘用一些中國人做「演員」,一會兒扮成滿族人,一會兒扮成漢族人[17]。在這些男性旁邊,還有一位女性一下扮演妻子,一下又成了妾。每張照片都有詳細的註解,給人以滿族人或漢族人正襟危坐拍照的錯覺,其實很明顯是同一中國人穿了不同官階的清代朝服。

　　通過這些照片,本書展示了1911年前後各歷史事件的場景和背景,描繪了當時的日常生活、社會時事、習俗傳統,以及中國第一個共和國時期的政治動盪。重要的是,這些照片為當今讀者提供了那個時代的視覺影像,促使人們思考百年之前中華民族的海外形象,彼時中國不曾料到會在2001年加入世界貿易組織。如果説這些照片僅僅是外國人用有色眼鏡將中國人視為「異國情調」的證據,則失之簡單。它們銘刻着中華民族對歷史的集體記憶,讓人洞見前人文學作品或集體話語中抽象表述的「百年屈辱」。有關這個話題的論著非常之多,我也引用了其中一些作為資料,本書則用影像來全面「視覺」描述,努力成為最完美的一部攝影史。

　　如今,在評價西方帝國主義的影響時,不論是中國還是西方的知識分子都不僅僅限於談論其消極方面[18]。諸如上海社科院熊月之教授在《上海的外國人:1842—1849》等書中都提到「帝國主義」的積極影響,例如引入排水系統、城市規劃、鐵路網絡和海關係統等民生成就[19]。

　　不論是在倫敦的英國國立維多利亞與艾伯特博物館或英國皇家亞洲協會,還是在館藏喬治·莫理循(George Morrison)作品的悉尼米切爾圖書館,抑或是在堪培拉澳大利亞國家圖書館,當圖書管理員搬出一大部黑色或藍色影集供我觀看,我都深深為之觸動。特別是看到這些照片保存完好,還有了電子版本,放在潔淨桌子的特製書架上,我心中尤感欣慰。這不禁讓我想起20世紀80年代初,北京故宮博物院將數套完整的宮廷衛兵制服當作「廢物」處理掉。同樣,一些中國攝影師在潘家園跳蚤市場買到了當成廢品出售的中

20 譯者註：圓明園 12 生肖獸首。2000 年，在佳士得、蘇富比香港春季拍賣會上，中國保利集團以 774.5 萬港幣拍得牛首，818.5 萬港幣競得猴首，虎首以 1544.475 萬港幣成交。2007 年，澳門賭王何鴻燊以 6910 萬港幣拍得馬首，捐贈國家。

21 Malcolm Gladwell, *Blink* (New York: Back Bay Books, 2005), p.112.

22 Richard Kagan, 「Multiple Chinas, Multiple Americas」, *Hong Kong Economic Journal* (My First Trip to China Series, www.hkej.com)，January 29, 2011.

23 Henry Kissinger, *On China* (Penguin Press, 2011).

國著名攝影家的照片。這其中有些「廢品」日後出現在中國的拍賣行，還引起過訴訟與反訴。更有諷刺意味的是，中國一邊大興土木，修建造型震撼的博物館；一邊卻疏於看管視覺歷史的紀念物，將其丟進垃圾箱中。

雖然有數不勝數的中國文化遺存仍在私人收藏或西方博物館手中，急於買回文物的做法卻似乎只是拖延並加重了國人尚很普遍的「受傷害感」，不論他們是否贊同官方定義的「愛國主義教育」。花費近九千萬人民幣在拍賣會上拍得圓明園宮殿裝飾用的一批獸首便是一例 [20]。每一件從中國「掠走」的文物出現在拍賣會上，都說明海外的私人或公家收藏還握有難以計數的文物。心理學家喬納森·W·斯庫勒（Jonathan W. Schooler）認為人的大腦分割不同的信息給左右腦 —— 左腦用圖像思考，右腦用語言思考；還有一些本能記憶，起源是文化的而非全然科學的。[21]

本書希望通過展現 1911 年前後看得見的歷史，讓文字與圖像都能出現在中學和大學的教科書中。素來對「東方主義」持批評態度的美國外交事務評論人理查德·卡根（Richard Kagan），在新近一篇題為《多重的中國，多重的美國》（*Multiple Chinas, Multiple Americas*）的文章中寫道：

> 作為教師，我們每天都面對不恰當的對比、套路化的描述、過度的恐懼、對事實有選擇的雕琢以及泛泛之言所帶來的問題。20 世紀 70 年代「發現」中國所用的範式仍然左右我們的觀念。涇渭分明的是，一些人積極地看待其中國經驗，願意訪問中國，幫助中國發展；而另一些人則視中國為威脅。作為教師和公民，我們應當遠離盲目憎惡和過度誇讚這兩個極端。[22]

中美重新打開外交大門 40 周年之際，亨利·基辛格在其新著《論中國》（*On China*）中說道，在中國尋求與外界溝通的過程中，很多中國當代自由派國際主義者仍然認為西方對待中國特別不公正，而中國正從曾經的劫掠中重生。[23] 我希望這本影像集可以用看得見的方式，為研究現代中國史的歷史學家所提出的觀點作一點補充。

一九一一：從大清帝國到一個世紀的革命

美國加利福尼亞大學聖迭戈分校歷史系教授 周錫瑞 (JOSEPH W. ESHERICK)

從二十世紀開始，進步的知識分子便相信只有革命才能救中國。辛亥革命帶來的失望與失敗未能動搖他們的信念，反而使他們相信革命還不夠徹底。因此，一九一一年標誌着中國踏上革命之路⋯⋯中國伴隨着這份遺產，掙扎前行。

　　1911 年辛亥革命結束了兩千年的帝制，開啟了不斷打破中國 20 世紀歷史的一系列革命。辛亥革命意義非凡，因為它結束了世界歷史上最長久的帝國官僚體制。儘管沒有哪個朝代的皇帝能永持「天命」，帝國制度卻在中國一直延續下來。在過去數千年裏，經科舉選拔並由中央任命的官員組成了龐大的官僚體系，這一體系使得中國成為高效專制政府的典範。關外的滿族人建立了中國歷史上最後一個王朝 —— 清朝。19 世紀末期，清政府面對西方列強和日本帝國主義的不斷入侵日顯無能，漢人精英開始將中國的失敗歸咎於滿人的統治。1911 年間對滿人公開的不滿團結了各階層人士，他們成功地建立了革命同盟，「驅除韃虜、恢復中華」將種族革命和政治革命合二為一。

　　雖然從 1911 年看，清朝在西方和日本帝國主義的挑戰面前，顯得屢弱、腐敗和低效；但從長時段的歷史角度審視，清朝算得上是中國最偉大和最成功的王朝。清朝於 1644 年迅猛建立起全國性政權，接着又在 1673—1681 年平定了「三藩之亂」，此後給中國帶來持續和平與繁榮近兩個世紀之久。長期繁榮最明顯的標誌是，到 19 世紀中葉中國人口已增長 2 倍，達 4.3 億。由於新作物 —— 特別是玉米和馬鈴薯 —— 從美洲傳入，勤勞的中國農民得以在貧瘠的山地上開荒種植。國家也建立起糧食儲備系統，以應對旱澇帶來的饑荒。精明強幹的康熙皇帝（1662—1722 年在位）要求全國各地定期向

中央報告穀物價格，以便監控。他的兒子雍正皇帝（1723—1735年在位）採取重大的財政改革（攤丁入畝與火耗歸公），使得乾隆皇帝（1736—1795年在位）在長期統治的大部分時間內，都能維持較低的賦稅，且有預算盈餘。

康、雍、乾時代，清朝疆域在北方和西部得到了極大的擴張，從此奠定了中國今日的大部分版圖。最先融入的是蒙古地區。蒙古族很早就與滿族結盟，驍勇的蒙古騎兵被編入八旗軍，參與征服明朝的戰爭。清朝統治者與蒙古貴族通婚，扶持蒙古人崇信的藏傳佛教，在承德避暑山莊仿建拉薩布達拉宮，還在北京修建了一座大型喇嘛寺雍和宮。清廷對藏傳佛教的扶持也促進了西藏地區的融入，確立了清朝對西藏的主權，西藏向清政府納貢。18世紀，通過一系列軍事行動，新疆地區也被納入清朝治下。經過以上措施，清朝的領土面積翻了一番。

作為征服者，康、雍、乾有意保留滿人獨特的習俗和身分。八旗軍及其家屬佔據了北京內城，並在各省戰略要地修建了聚居區。他們不得與漢人通婚，也不允許女人纏足。皇帝對去滿族化十分警惕，刻意保留滿洲之道，包括講滿語、練習騎射以及保持傳統的尚武精神和節儉的生活方式。在官僚體系的上層，中央各部建立起一套平衡滿漢官員的雙重領導制，而滿族和蒙古族則在各自的邊疆地區獨攬大權。到清朝末年，由於久居內地，滿族和漢族的文化界線已不那麼明顯。滿人忘了滿語，說著和城裏鄰人一樣的漢語。他們的軍事技能退化了，並在衛戍駐地的滿城內修築廟宇，尊三國大將關公為「武聖」。不過還是有一些特權保留下來，例如滿人犯法可以不受肉刑或地方衙門的審判，更容易得到官職，即便在軍事上毫無建樹也可以旱澇保收地領餉。

保持滿族的身分認同只不過是清朝統治者成功的原因之一。同樣重要的是，他們掌握了漢人的治理方式：保留了傳統的科舉制度，挑選有能力的漢族文人進入官僚系統；從唐朝中期延續下來的吏、戶、禮、兵、刑、工六部制度沒有改變；從事地方管理的縣官多由漢人擔任，推行的律例則以《大明律》為藍本。通過出資編修漢人的經史子集，清朝統治者的文化身分得以強化。乾隆皇帝在大江南北留下過數不勝數的漢語詩歌和書法。這就是清朝統治的兩面性：對於滿族八旗子弟，皇帝堅持要他們保持「滿洲之道」；對於絕大多數漢人而言，這些統治者大部分時間裏不過是另一個「中國帝王」而已。[1]

清朝的統治在兩個世紀裏運行得相當好。帝國上下一片和平，人口增長有條不紊，城市商業興旺發達。耶穌會士是當時唯一在中國的歐洲人，對滿清的統治讚不絕口，以至於伏爾泰看了他們的報告，對啟蒙時代的學者說，

1　Mark C. Elliott, *The Manchu Way: The Eight Banners and Ethnic Identity in Late Imperial China* (Stanford: Stanford University Press, 2001); Evelyn S. Rawski, *The Last Emperors: A Social History of Qing Imperial Institutions* (Berkeley: University of California Press, 1998).

2 Voltaire, *The Philosophical Dictionary, for the Pocket* (Catskill [N.Y.] : T. & M. Croswel, J. Fellows & E. Duyckinck, 1796), p.81.

「中華帝國的憲法乃世界最佳」[2]。西歐上流社會追捧中國風格的飾品，他們在架子上擺滿了精美的中國瓷器，身上穿着中國絲綢。到 19 世紀，歐洲人得知中國市場廣闊，就設法令其開放，以便將工業革命的產品賣到中國。英國人佔了先機，試圖通過鴉片來平衡進口中國茶葉、絲綢和瓷器導致的貿易逆差，結果遭到中國人的阻攔，於是發動了鴉片戰爭。

這時的八旗士兵早已習慣駐防區內多年的安穩生活而戰鬥力退化。即便他們仍然像從前一樣驍勇善戰，騎馬射箭也難以抵擋歐洲人的火炮長槍。中國在鴉片戰爭中的失利引發了一連串軍事災難：1856—1860 年第二次鴉片戰爭末期，英法聯軍佔領北京、焚毀圓明園；接着便是 1884—1885 年中法戰爭和 1894—1895 年中日甲午戰爭。清政府因此被迫簽訂一系列「不平等條約」，開放沿海和長江流域通商港口，將其中一部分土地作為租界置於外國領事管轄之下，並允許傳教士在內地傳教、享有治外法權且不受中國法律的約束。藩屬國越南和朝鮮的精英原先書寫漢字，研讀中國典籍，效仿中國的管理模式，因此兩國形成了中國周圍的緩衝地帶。如今，越朝兩國分別淪為法國和日本的殖民地。1895 年清朝敗於日本之後，喪失了對時已設省的台灣島的控制權。曾經強大的清王朝成了「東亞病夫」。

清朝一方面忙於抵禦西方和日本的挑戰，一方面疲於應對一系列極具破壞力的內亂。其中最嚴重的當屬由洪秀全領導的拜上帝會發動的太平天國運動。除了基督教神學理論之外，這場運動還摻雜了漢族對滿族統治的深仇大恨。太平天國盤踞南京和富庶的長江下游地區達十年之久，直到 1864 年覆滅。其他一些內亂，如長江以北、黃河以南的捻軍起義以及西部的回民起義，則一直持續到 1877 年。據估計，內亂造成 5000 萬人死亡，其中大部分是平民，死於兩方屠殺之中。在中國廣袤的土地上，村莊被焚毀和劫掠，人煙變得稀少。清朝最終依靠鄉紳組織的團練和曾國藩的湘軍與李鴻章的淮軍力量才挺過難關，但這也使清政府更加依賴於有權勢的漢族地方官員。

中日甲午戰爭是中國近代史的轉折點。日本的高等文化，包括儒家學說、佛教經典以及書面用字，大部分來自中國。1868 年明治維新以來，日本實現了軍事近代化、新產業發展、教育普及，並採用君主立憲制，使天皇的子民參與政治進程。日本的陸海軍迅速擊潰中國軍隊之後，形勢變得明朗：中國若要生存，也必須改革。19 世紀末，歐洲列強在各自的「勢力範圍」內獲得修建鐵路和採礦的特權，被很多人視為「瓜分中國」的前奏，加速了中國改革的必要性。

然而，改革之路並不平坦，愈到終點愈發曲折。1898 年，年輕的光緒皇帝身邊一羣包括康有為、梁啟超在內的改革派提出了抱負遠大的改革計劃，

涵蓋教育、銀行、工業、商業、軍事和帝國政治體制各方面。但慈禧太后集結保守勢力，阻礙改革。19世紀60年代以來，慈禧於同、光兩朝垂簾聽政，一直是中國實際的統治者。1898年，慈禧又重掌大權，將光緒皇帝軟禁在中南海的瀛台。此舉得到最保守的滿族親貴擁護，爾後官方又支持了席捲中國北方的狂熱排外運動──義和團。拳民將武術和民間信仰的「降神附體」結合起來，許諾信眾在現代武器面前能夠刀槍不入。他們最初的攻擊目標是中國教民，因為不少教民倚仗外國傳教士的勢力在民教爭端中佔了便宜。1900年的華北大旱導致了義和團運動的發展，拳民向北京開進。此時，清廷保守的滿族親貴則希望借用義和團的力量，驅逐洋人。由於清政府的介入，這場危機很快升級為中國與列強之間的全面戰爭。

結果毋庸置疑是災難性的。列強組織起八國聯軍，解救被圍困的各國駐京使館，鎮壓拳民，懲戒清廷。同時，拳民在北京攻擊教民，也造成了可怕的間接損失。6月中旬，拳民開始焚燒教民的財產，但原本打算將火勢限制在教民房屋的法術未能奏效，大火將北京前門一帶的商業區焚毀殆盡。8月，聯軍抵達北京，實施報復，劫掠了紫禁城和親王王府。他們還當眾處死被指控的拳民，讓觀看死刑的民眾排列整齊，以便外國攝影師取景。清廷「西狩」，逃至古都西安，與列強簽訂了喪權辱國的《辛丑條約》，約定支付總計4.5億兩白銀的賠款，相當於清政府歲入的4倍。

儘管有許多人同情義和團的「扶清滅洋」，但絕大部分受過教育的精英卻意識到，依靠拳民的所謂法術根本無法達到這個目的。同時，他們也認識到，清廷中支持拳民的主要是保守的滿族親王和朝臣；而拳民鬧得最兇的北方省份，也無一例外是由滿人擔任總督或巡撫。相比之下，控制華南和華中的漢族督撫，則與西方列強達成「東南互保」的協議。在清朝政治體系內，滿族與漢族的全面緊張關係此時初露端倪。華中一位英國外交官在談到張之洞曾毫不掩飾對他透露自己的失望：「他和我認識的所有漢族官員一樣憎恨滿族人，因為後者對中國緊抓不放、坐吃山空，同時也因為他們不論是否勝任卻都能被荒唐地擢升。」[3]

對滿族統治者的憎惡在民眾中傳播得更為廣泛，尤其是在南方，秘密會社的反滿活動已有時日，且相當活躍。留日的學生中，反滿刊物十分流行，清政府卻無計可施。1905年，年輕激進派鄒容死於上海的監獄，所著《革

3　Everard Fraser, December 1900, reporting the views of Zhang Zhidong, cited in Edward J. M. Rhoads, *Manchus and Han: Ethnic Relations and Political Power in Late Qing and Early Republican China, 1861—1928* (Seattle: University of Washington Press, 2000), p.75.

命軍》成為青年學生廣為誦讀的小冊子。他曾大聲疾呼：「革命！革命！我四萬萬同胞，今日為何而革命？吾先叫絕曰：不平哉！不平哉！中國最不平、傷心慘目之事，莫過於戴狼子野心、遊牧賤族、賊滿洲人而為君，而我方求富求貴，搖尾乞憐，三跪九叩首，醝嬉濃浸於其下，不知自恥，不知自悟。哀哉！我同胞無主性！哀哉！我同胞無國性！」[4] 這番話在日本和其他國家成百上千的激進出版物中引起強烈反響。

清廷在最後十年間進行了一系列全面的改革，稱為「新政」。這既是為了回應青年中廣泛流傳的激進思想，也是因為掌權的官員認識到中國的政體、經濟、軍事和社會需要根本性的變革。影響極壞的庚子事變敲響了警鐘，慈禧太后開始呼籲各方提出改革建議。列強要求流放或處死朝中最保守分子作為懲戒，由於剔除了這些人，改革變得相對容易。之後的幾年裏，傳統科舉被廢除，代之以現代學校的新式教育體系。這套體系在很大程度上模仿日本，教授更實用、更通行世界的課程——除了必要的漢語、典籍和歷史基礎課程之外，加入了數學、科學、世界歷史、地理和軍事技能。軍事系統也得到徹底改革，每省都訓練「新軍」，裝備以現代的制服和武器，並採用現代的操練和後勤。國難當頭，出版界和學校均倡導「尚武」精神，精英家庭的子弟則投筆從戎。對於長期崇尚以儒家「溫良恭儉讓」為美德的國家而言，這不能不說是重大的轉變。從照片中，可以看到這一時期年輕士兵在制服、姿勢、體態各個方面與此前清朝官兵長袍闊袖、肩膀耷拉的形象反差巨大。

20世紀早期，這種變化隨處可見，尤其在中國東部沿海或沿江城市中。城市道路鋪了磚，人力車興旺起來。不久之後有軌電車也出現了。穿着新式制服的警察維持治安，執行衛生監管，向商店收稅。有了街燈之後，商業活動延長到夜間，百貨商場成為新的商業街區中最吸引人的地方。政府扶植建立商會，對新式工業——特別是紡織、鋼鐵和採礦業——提供貸款和免稅優惠。這也是中國首次大規模建設鐵路的時期。此前官員曾抗拒這種新式交通工具，擔心它會讓馬車夫和船夫丟掉飯碗，便於外國軍隊侵入中國內地。從今日的標準看，上述成就並沒有甚麼了不起，但鐵路線畢竟將北京、上海和武漢連在了一起。與此同時，日本和俄國正拚命在東北修建鐵路。

最關鍵而劇烈的變革發生在政治體制上。六部被現代意義的「部」取代，並增加了外交、交通和教育這三個極其重要的政府機構。日本取得1904—

4　鄒容：《革命軍》，第二章，馮小琴評註，第12頁，北京：華夏出版社，2002年。▣

1905 年日俄戰爭的勝利，這不僅是近代亞洲國家第一次戰勝歐洲國家，更是憲政對專制的勝利。日俄戰爭後，新生而富有影響力的中國出版界立即大聲疾呼要求進行憲政改革，他們力圖啟迪民智，推動開放政治體制以便讓更多人參與公共事務的討論。清廷在派出的使團考察外國憲政歸來後發佈上諭，宣佈「預備仿行憲政」。到 1909 年，已有地方參議會和省上諮議局選舉。1910 年，全國資政院在北京召開。這些議會雖然只備諮詢，卻是由受過良好教育、有名望的地方人士組成，他們積極號召加快轉變到憲政政府，且頗有影響力。

正當新政改革顯現進步成果之時，1908 年 11 月，被囚禁的光緒皇帝和久居權力寶座的慈禧太后接連兩天相繼死去。光緒皇帝 25 歲的胞弟載灃接過大權，充當其子溥儀的攝政王。毫無經驗的攝政王無法領導改革的艱難歷程。當朝廷需要有決斷力的領袖時，他猶豫不決；當形勢所迫需要靈活處理時，他又頑固不化。1907 年，滿族巡撫恩銘遭光復會會員徐錫麟刺殺之後，要求取消滿漢分別的呼聲如潮水般湧現。這些要求包括解散八旗軍，取消對滿族人擔任官員的優待，改革婚姻習俗，鼓勵滿漢通婚，不再要求男性剃髮梳辮。辮子是滿族強加於漢族最明顯的習俗，被外國人嘲笑為「豬尾」，身在國外的中國激進派常以歐式短髮表示抗議。慈禧太后曾支持上述改革建議，但載灃掌權後卻未能壓制禮部的保守派以推進改革，而禮部正是負責制定滿漢習俗融合細節的。[5]

載灃在消除滿族特權中表現得軟弱無力、瞻前顧後，但他在把漢人排除權力核心時卻不遺餘力、戰果纍纍。其中，最有力的挑戰來自袁世凱。他擔任內閣總理大臣，領導軍事改革，北洋軍絕大部分軍官都是他的部下。消除袁世凱及其他官員的威脅之後，清廷面臨的最大挑戰就來自諮議局和資政院，兩者均是改革和立憲的產物。1909—1910 年，各省諮議局的立憲派領袖組織請願運動，要求速開國會。請願得到新興出版界、商界、教育界的廣泛贊同，海外的華商也發來電報予以支持。然而，載灃拒絕所有的請願要求，與這些實力派政治人羣漸行漸遠。

1911 年春，清廷組織第一屆內閣，取代了自 18 世紀以來給皇帝出謀劃策的軍機處。這是壓垮清廷的最後一根稻草。由載灃遴選的內閣成員中有 8 位滿人、1 位蒙古人和 4 位漢人。由於來自皇族成員甚多，人們將其稱為「皇族內閣」。此舉不僅讓那些希望由皇族統治逐漸過渡到憲政制度的人大失所望，還將人們的不滿不折不扣地集中在滿人繼續掌權之上。同時，載灃將若干省級鐵路公司國有化，並和四國銀行訂立了粵漢、川漢鐵路的借款合同。由於各省紳商經營的商辦鐵路陷入資金困境，在修建鐵路以推進內地運輸事

5　Edward J. M. Rhoads, *Manchus and Han: Ethnic Relations and Political Power in Late Qing and Early Republican China, 1861-1928* (Seattle: University of Washington Press, 2000), Ch. 2-3.

業和經濟發展上進展不大,因此從經濟角度看載灃的舉動是説得過去的。但是,貸款之事激怒了民族主義者,反對貸款的抗議把四川推到公開鬥爭的邊緣。

引燃革命之火的是一樁意外:在武漢三鎮漢口租界內,革命黨人接頭地點的土炸彈爆炸了。俄國警察迅速趕到現場,將繳獲的革命標語和宣傳品交給中國當局。當地新軍是清政府急於招募有文化的年輕人抵抗外國勢力入侵的愛國武裝力量,這一政策方便革命黨人對新軍的滲入。在武漢,革命黨經過數年發展也不過幾百人,但隨着 1911 年人們對清政府希望的破滅,革命黨人膨脹到數千人之多。爆炸發生後,幾名革命黨人被逮捕和槍決, 據説當時所有的革命黨人 —— 甚至包括所有剪辮的士兵 —— 都會成為逮捕的目標。於是,1911 年 10 月 10 日,革命黨人先發制人,兵變佔領武昌,標誌着辛亥革命的全面爆發。

最初,武昌起義不過是在武漢三鎮的一場兵變,由愛國青年士兵被迫發動,但卻引發了一系列具有相同模式和清晰內在邏輯的事件。在武漢,起義很快得到新軍重要將領(如黎元洪)和包括湖北諮議局議長湯化龍在內的湖北立憲派精英的支持。這些民政軍界的精英號召其他省的立憲人士加入他們的事業。隨後數星期,南方諸省和北方少數省份的督撫、諮議局議長或新軍軍官一個接一個地宣佈所在省脫離清朝獨立。1911 年底,革命的各省在南京組建臨時政府,與清政府代表談判。1912 年 1 月 1 日,孫中山宣誓就任中華民國第一任臨時大總統。

孫中山與武昌起義本沒有任何關係。他是 1911 年 10 月在美國科羅拉多州丹佛的報紙上才得知消息的。但他長期以來擔任同盟會在海外的領袖,從很多方面看是總統的不二人選。自 1895 年廣州起義失敗被逐後,孫中山一直不遺餘力地倡導反滿革命與共和政府。他曾求學於香港和檀香山,説得一口流利英語,穿西式衣服,留短髮,代表着革命黨人國際性的一面。不過,孫中山的同盟會面臨很嚴重的內部分歧;他的留洋背景使他處於中國政治精英圈的邊緣;最要命的是,他沒有軍隊。事實上,選舉孫中山為臨時大總統,很大程度上是因為他能與清廷談判退位問題,並能將總統的位置交給掌握實際權力中心的北京。

袁世凱是北京新的政治強人,他被載灃強迫以「足疾」為名「休致」,武昌起義後又被清廷重新起用。袁世凱創建了中國規模最大、訓練最有素的軍隊 —— 北洋軍,並一直領導政治改革,崇尚憲政政府,所以是領導新民國的一致人選。孫中山在南京就任臨時大總統時曾許諾,只要袁世凱支持共和,他就讓位。1912 年 2 月,袁世凱迫使年幼的溥儀皇帝退位,將民國的

6 Henrietta Harrison, *The Making of the Republican Citizen: Political Ceremonies and Symbols in China, 1911—1929* (Oxford: Oxford University Press, 2000).

首都遷往北京，並成為中華民國的總統。

　　民國的建立終結了兩千年的專制統治，這一變化的影響不應被低估。滿族統治結束了，人們不再留辮子，有的自願剪下，有的讓城門口的士兵給剪下；西式服裝、圓頂禮帽和皮鞋流行起來；人們打招呼時是握手而不是鞠躬。孫中山堅持在 1 月 1 日宣誓就職，為的是民國能從西曆的元旦開始紀年。傳統的節日雖然仍舊按照農曆來過，但是城市中每週 7 天、週末為休息日的做法固定下來。基於職業和信仰的各種協會和新式社團大量湧現，充斥於社會公共領域，由律師、銀行家、記者、學生、教師、工程師、中醫師、西醫師、佛教徒、基督徒、童子軍、演員等組成。新的政黨如雨後春筍般冒出來，絕大多數都有自己的報紙，雖未必長久但充滿活力。至少就民國元年來看，對新國家未來的樂觀情緒和積極投入隨處可見，到處都是變革的氣息。[6]

　　然而，樂觀的氣氛沒有持續多久。辛亥革命之所以成功，是因為普遍的反滿情緒。反滿將各個革命派別和立憲派聯合在一起。但當清朝統治被推翻後，各派對於該如何治理中國幾乎沒有統一的意見。政治精英致力於憲政，認為受過教育的男性應有參與政治的權利。但巨大的分歧依然存在：新的共和國是應當有一個強有力的總統（袁世凱一派），還是由議會領導並賦予總理大權？如何平衡中央的權威與聯邦體系下的地方權力？孫中山及其同仁傾向於議會制和聯邦制，於是將同盟會改組為國民黨，參加了 1913 年的全國選舉。雖然國民黨取得選舉勝利，袁世凱的支持者卻在上海火車站暗殺了很可能成為政府總理的國民黨領袖宋教仁。不久，袁世凱將國民黨驅逐出議會，並在短暫的「二次革命」中擊敗國民黨，將民主共和變為獨裁專制。

　　然而，袁世凱的勢力並不足以真正團結全國上下。正是辛亥革命造就了中華民國的多方面弱點。在革命中，一系列的省份宣佈脫離清政府而獨立，省級自治成為民國建立的重要政治動力。「湖南人的湖南」、「四川人的四川」不止是口號，也是真正的政治訴求。自治可以讓地方政治人物擔當要職，保證稅收用於滿足地方的需要或支持地方的發展。袁世凱雖有一套更為全國

性的現代化議程，卻從未能獲取足夠的收入來支持這個計劃。最後，他希望通過恢復君主制，以便中央政府有足夠大的權力從地方政府手裏抽稅。但由於袁世凱意在自己稱帝，因此即便是在北洋軍內部也缺少支持。雖然人們對民國失望不小，但很少有人願意再回到帝制時代。1916 年 6 月 6 日，稱帝不足三個月的袁世凱鬱鬱而終。

隨後的軍閥混戰一直延續到 1928 年由孫中山改組後的國民黨統一全國。這些年裏，軍閥政府走馬燈般更換，政治動盪。同時，文化也非常活躍，期間發生了 1919 年的五四運動和新文化運動。在新文化運動中，知識分子大力倡導白話文、更大程度的個人自由、個人主義以及最佔主導地位的思想「德先生與賽先生」（即民主與科學）。五四運動的起因是抗議軍閥政府為獲得軍事貸款而將德國位於山東的租界讓與日本，以及第一次世界大戰後簽訂的《凡爾賽和約》，無視中國人歸還山東的請求（在「一戰」中，中國作為協約國成員曾向法國派遣勞工以支持協約國軍隊）。在愛國的年輕學生和知識分子眼中，這顯然是帝國主義列強和軍閥合謀破壞中國主權和領土完整。

五四運動中的思想激盪和愛國情緒，導致改組後的國民黨成為全新的民族主義革命力量。孫中山向蘇聯尋求軍事和財政幫助，並與政治舞台上的新星 —— 中國共產黨 —— 結盟。這些遵循列寧主義組成的新興政黨聯合在一起，共同致力於打倒北洋軍閥，直到 1925 年孫中山去世。1927 年，蔣介石掌握國民黨大權後殘殺共產黨員與左翼分子，國共聯合陣線因此破裂。接下來的 20 年裏，蔣介石和毛澤東率領各自的政黨和軍隊展開了對中國控制權的爭奪，最終以 1949 年共產黨人勝利而告終。兩黨和五四運動的知識分子一樣，都認為辛亥革命是失敗的，但這並未動搖他們用革命手段復興中國的決心。從 20 世紀開始，進步的知識分子便相信只有革命才能救中國。辛亥革命帶來的失望與失敗未能動搖他們的信念，反而使他們相信革命還不夠徹底。因此，1911 年標誌着中國踏上革命之路，先後引發了 20 世紀 20 年代的國民革命、1949 年共產革命的勝利。中國伴隨着這份遺產，掙扎前行。

辛亥革命是怎樣成功的？

台北「中央研究院」近代史研究所所長　黃克武

辛亥革命有長期的思想醞釀過程，參與者來自不同的階級，並為了不同的目的的參與進來。革命成功乃彙集各種勢力形成，其中革命黨人多受理想激發，揭竿起義，立憲派人士則或為自保，或為維繫秩序，起而響應。

今年是辛亥革命一百周年。一百年前辛亥革命推翻了清朝，建立了中華民國。辛亥革命的歷史意義，最簡單地說就是「推翻專制、建立共和」。探討辛亥年所發生的變化，必須要回到晚清的歷史情境，我們如果不了解晚清七十年間對民主共和思想的引介，以及立憲派在革命爆發後對安定社會、尋求和解等方面的貢獻，而只是將辛亥革命簡單地看成由革命黨領導的一次政治變革的話，將是非常浮面的。

要了解辛亥革命，必須追溯到道光、咸豐年間，像魏源、徐繼畬等人開始引介西方新的思想觀念，介紹世界地理、外國歷史。其中最重要的是共和、民主等觀念的輸入。早在 19 世紀三四十年代，當時中國思想家、傳教士等即開始介紹西方的民主、民權、自主權等觀念。例如：林則徐、魏源、梁廷柟等人開始介紹英國的君主立憲與美國的民主共和政體，並將華盛頓（George Washington）描繪成類似三代時堯舜那樣的明君，進而倡導他所樹立的民主風範。由於這些長期的努力，民主共和的觀念才得以推廣；晚清革命志士、立憲分子敢於構想一種嶄新的未來，追求自由、權利、憲政體制等，就是受到這些新觀念的啟發。

　　至晚清最後的十年，隨着留學生的增加，譯介新思潮的內容變得更為豐富。晚清思想家對民主思想的宣揚與革命觀念的傳播，奠定了辛亥革命的基石。當時有十餘部書刊發揮了很大的影響力，在思想上啟迪人們「走向共和」。它們分別是：嚴復翻譯的《天演論》（1898），譚嗣同的《仁學》（1897），梁啟超的《新民說》（1902—1906），孫中山有關「三民主義」的言論，《民報》與《新民叢報》論戰選編，章太炎與康有為政論，《革命軍》（1903）、《猛回頭》（1903）、《獅子吼》（1905），《民報》介紹法國大革命及盧梭（Jean-Jacques Rousseau）的文章，金天翮的《女界鐘》（1903）等宣揚女權思想著作，廢科舉、興學堂各種論述，以及宮崎寅藏的《三十三年落花夢》（1902）等。這些作品帶來了對新時代的嚮往，也提供了辛亥革命的思想溫牀。

　　其中，直接激勵人們求新、求變思想的三本書是：嚴復翻譯的《天演論》、譚嗣同的《仁學》與梁啟超的《新民說》。嚴復是近代中國首批留洋學生，返國後以引介西學、翻譯西書，成為啟蒙導師。他所翻譯赫胥黎（Thomas H. Huxley）的《天演論》以典雅的桐城派古文來譯介新思想，鼓勵人們救亡圖存，成為競爭中的強者、適者，以免亡國滅種。此書是近代中國革命與立憲思想的共同源頭。可以說，清末民初人們所寫的日記、自傳等，大概共有幾百部，幾乎沒有人不提到閱讀《天演論》的經驗。胡適的自傳《四十自述》講得很清楚，他改名為「適」就是因為嚴復提倡「適者生存」。當時，《天演論》帶來兩種不同的發展，一方面它鼓勵人們積極應變圖強，一部分人因而走上了激烈革命的道路；另一方面它主張「漸進」，因為天的演化是逐步變化的，這一想法與改革派的保守主張較符合。當時的立憲派，就擷取《天演論》之中的「漸進」主張，認為歷史的演變必須逐漸地變，不能把老房子推翻，重新再蓋，而必須慢慢調整。他們提出，應該先實施君主立憲，再實施民主共

和，這和康有為所說的「春秋三世論」也是一致的。其實，康氏便是以「春秋三世論」配合西方天演的觀念而提出三階段的發展。相對來說，革命黨覺得應該推翻專制，馬上建立一個民有、民治、民享的民主共和國，以順應世界潮流。

其次，與日後激烈革命行動關係最密切的是譚嗣同的《仁學》一書。譚嗣同是戊戌政變裏被斬首的「六君子」之一，他有機會逃出北京而不走，因為他要為革命而流血，好為歷史留下見證。這種殺身成仁、捨生取義的情操，使他所寫的《仁學》傳遞着一種「烈士精神」。它對於辛亥革命、五四運動、共產革命（毛澤東即說他受湖南同鄉譚嗣同思想的啟迪）都有影響。譚嗣同提出的口號是「衝決網羅」，要破除名教綱常。他覺得五倫中的三綱部分：君臣、父子、夫婦都有壓迫性，兄弟也是具有壓迫性的。五倫中唯一可以保留的，只有朋友一倫，因為朋友才是平等的。譚嗣同的想法，在清末民初引起很大反響。如清末劉師培主張「毀家」，認為：「蓋家也者，為萬惡之首」（後來傅斯年、李大釗與熊十力都有相同的看法）；五四時期，魯迅、巴金等人對家庭制度的大力抨擊，都可以上溯至譚嗣同的《仁學》。

相對於鼓舞革命的《仁學》來說，梁啟超的《新民說》比較複雜。梁啟超在 1902 年去美國訪問之前，是比較激烈的，並嘗試與孫中山合作，共謀革命。他在《新民說》的前期，提出種種口號，主張塑造新國民。他認為新國民必須要有公德、進步、自由、權利、義務、冒險、進取等觀念；他又提出了尚武的思想，這些都圍繞着新國民的改造。梁任公最早指出：中國人的問題關鍵在於國民質量，所以我們必須建立新時代所需的新國民，中國才有希望。此一想法其實就是後來魯迅所講的「國民性改造」。1903 年，梁任公遊歷了新大陸之後，看到民主的缺陷與華人在民主體制之下的種種缺點，

轉而保守。他又受到嚴復、斯賓塞（Herbert Spencer）羣學思想中「循序漸進」觀念的影響，認為新道德的建立必須奠基於傳統倫理之上，開始主張依賴傳統資源，以私德的改造作為「新民德」的基礎。用他的話來說是：「新之義有二：一曰淬礪其所本有而新之，二曰採補其所本無而新之，二者缺一，時乃無功。」梁任公與革命黨的分道揚鑣與此思想轉向不無關係。梁任公的調適、漸進的思想在晚清普遍流傳，成為立憲派的重要基礎。黃遵憲說梁任公的文章「驚心動魄，一字千金，人人筆下所無，卻為人人意中所有。」以梁任公為首的立憲派主張中國應仿效英國與日本，從君主專制改變為君主立憲，等時機成熟之後，再轉變為民主共和。

上述書刊有一些共同的關懷，包括肯定適者生存、優勝劣敗的進化史觀與以民主憲政作為終極的政治理想。不過，人們對民族、民權和民生等三大議題卻展開了激烈的辯論。孫中山先生一派堅決支持種族革命與政治革命，主張驅除韃虜、建立共和，把滿洲人趕回東北或徹底消滅；而以梁啟超為代表的立憲派、保皇黨，所支持的則是君主立憲的政體，希望先實施君主立憲，等時機成熟後再邁向民主共和。最後是關於民生問題的辯論，康梁派採取的是較傾向資本主義的路向，主張發展經濟、保護私有財產；而孫中山所代表的革命黨，採取的則是社會主義的發展方向，主張土地國有與節制資本等。1902—1907 年間，梁啟超在橫濱辦《新民叢報》，革命黨則在 1905 年於東京辦《民報》與之抗衡。當時的人們在閱讀上述書刊之後，受其啟發，而在1905 年前後，越來越多的人轉而支持革命。一位從湖南長沙官派到日本學政治的留學生黃尊三寫下了《三十年日記》。他講述留學的過程：到東京以後，開始進入語言學校；除了讀英、日文，閒暇的時候就讀梁啟超的《新民叢報》和《民報》。1905 年之前，他比較同情康、梁，他說：「《新民叢報》……文字流暢，議論閎通，誠佳品也」；1905 年之後，因為看了這些辯論，尤其是《民報》上的很多文章後，轉而支持革命。1905 年 11 月 3 日，他在日

記上寫道:「《民報》為宋遯初、汪精衛等所創辦,鼓吹革命,提倡民族主義,文字頗佳,說理亦透,價值在《新民叢報》之上。」此一個案具有實際上的指標性意義。亦即 1905 年之後和黃尊三一樣,從支持改革轉向肯定革命的留日學生,為數不少。

總之,在晚清革命與立憲的各種書刊宣傳之下,人們鼓起勇氣參加革命,促成了辛亥革命的成功,建立了亞洲第一個民主共和國,將中國引入了新的時代。就辛亥革命的事件來說,這個新時代的出現或許是偶然的,可是此一偶然的背後,卻是上述這些書刊所發揮思想動員的結果。

長期以來,人們對辛亥革命的認識受到兩種官方論述的宰制,不能認清歷史的複雜面貌。國民黨的革命史觀圍繞着孫中山先生以及同盟會等革命團體,卻忽略了其他革命領袖與社團,如湖南的華興會與浙江的光復會及立憲派的角色。國民黨透過教育與宣傳機制強調辛亥革命是在孫中山先生領導下,從光緒二十年(公元 1894 年)的興中會開始到光緒三十一年(公元 1905 年)的同盟會,革命黨人經歷十一次革命,前仆後繼終於建立民國。

共產黨的史觀則是典型的馬克思主義「社會發展的階段論」。他們認為,中國的封建社會延續到 1911 年,辛亥革命推翻了封建王朝,這是所謂的「舊民主主義」的革命,由於推翻了封建專制制度,辛亥革命是有功的。但是,辛亥革命是由「資產階級」領導的革命,因此具有「歷史的局限性」。接續是 1919 年的「五四運動」,帶來了民主與科學,也造就了中國共產黨。可見,國共雙方對於辛亥革命的歷史詮釋,都是為了闡明自身政權的歷史合法地位與政治正當性。

過去三四十年來,史學界對於辛亥革命的研究,已經逐漸走出單一意識形態的束縛,重新審視辛亥革命的多重意涵和複雜面向。張朋園先生關於梁啟超與立憲派的研究讓我們開始正視辛亥革命的成功,除了興中會這些拋頭顱、灑熱血的革命黨人參與外,還有其他的力量與羣體,其中勢力最大的就是以康、梁為首的立憲派。事實上,辛亥革命之所以能成功,真正的轉折點是革命爆發之後在各地得到立憲派人士的支持。

張朋園先生指出梁任公筆端常帶感情的那支筆,尤其發揮了很大的影響力。因為梁任公的鼓吹,立憲思想的影響由海外回向國內,連清廷都準備開國會,預備九年後實施立憲,後遭抗議而改為五年。這些晚清官員立憲思想的淵源,主要是康、梁等人的著作。張朋園先生在《梁啟超與清季革命》(1964)中指出,梁任公在三十一歲之後轉而推動立憲,主張在安定中求進

步：「梁氏認為革命之後建設不易，更可能陷國家社會於紛亂。證之於中國百年來革命之歷史，梁氏無異一先知。」

其後，張朋園先生又出版了《立憲派與辛亥革命》（1969）。在此之前少有人仔細研究立憲派，以及辛亥革命與立憲派之間的關係。通觀全國各地辛亥革命前後的發展，張先生發現辛亥革命爆發之後，主要是依靠「進步的保守分子」立憲派士紳的支持，才可能在這麼短的時間內，獲得全國大多數省份的認可。四川省諮議局議長蒲殿俊不但向清廷請願立國會，且領導護路運動，罷課，罷市，加速了革命的爆發；湖北省諮議局議長湯化龍在武昌起義之後即與革命黨合作，通電各省，呼籲響應獨立；湖南省諮議局議長譚延闓在革命爆發後，起而擔任都督，使湖南在短期之內恢復秩序。哥倫比亞大學教授韋慕廷（Clarence Martin Wilbur）在該書序言中說：「許多在革命前屬於君主立憲派的人，在辛亥時期與革命派合作。事實上，在促使帝制的崩潰中，他們起了重要的作用……如果對立憲派的活動懵然無知，我們對辛亥革命的過程是不能了解的。」

汪榮祖先生對於江蘇地方辛亥革命史的研究，同樣顯示了立憲派在建立民國過程中的重要性。在武昌辛亥革命爆發之後，江蘇省是第一個響應且宣佈獨立的省份。誰宣佈獨立的？不是當時的江蘇巡撫程德全，而是張謇這一批立憲派人士。以張謇為首的立憲派人士為甚麼要宣佈獨立？不是因為他們支持革命黨的革命理念，相反，這些人非常怕革命黨。立憲派士紳宣佈獨立最重要的原因，其實是為了自保。因為辛亥革命造成較大的社會動盪，其根源要追溯到晚清的一些重要變化：從太平天國起事之後，中國東南一帶人口銳減，使社會發生了巨大變化。其中一環，就是地方士紳為了維護治安而慢慢地掌握了地方上的權力。由於晚清有相當多的賠款，特別是《辛丑條約》，賠了白銀四萬萬五千萬兩，幾乎是一人賠一兩。這樣的巨額賠款直接就攤派到各省，給地方財政造成了很大負擔。民間生活因此更形困頓，社會上出現了不少流民。換言之，清末財政困境使許多人生活極不穩定。這些人有的就像魯迅筆下的阿Q那樣不自覺成為革命軍的基礎，而有的就變成社會動盪

的根源。所以，辛亥革命之後，通過江蘇的例子就可以看得出，這些士紳宣佈獨立是為了自保。他們希望在革命軍於武昌起義成功而中央沒有辦法控制局面的時候，可以依賴自己的力量保障身家性命，這才是他們宣佈獨立最根本的原因。至於他們之所以有能力宣佈獨立，是因為自太平天國之後，他們就開始在地方上長期經營。他們不但有經濟上的實力，甚至握有武力。以張謇為例，他在清末所做的建設工作相當不得了。他有一整套地方建設的構想，包括實業、教育、慈善、政治等方面，還請荷蘭專家協助開發海埔新生地，蓋了中國第一個博物館等。誇張一點說，張謇可謂當地的「土皇帝」。辛亥革命爆發之前，他就已是地方實力人物，透過參與政治進入諮議局、資政院，成為地方議會的領袖。由於這些立憲派人士擔心革命後的社會動盪，起而自保，革命才會成功。因此，辛亥革命是立憲派士紳支持之後，各地響應所產生的結果。辛亥革命之後促成政權和平轉移的南北議和，也主要是在立憲派人士努力下才獲得成功的。

辛亥革命有長期的思想醞釀過程，參與者來自不同的階級，並為了不同的目的參與進來。我們可以用下面的一句話表示：革命成功乃彙集各種勢力形成，其中革命黨人多受理想激發，揭竿起義，立憲派人士則或為自保，或為維繫秩序，起而響應。辛亥革命就在新舊勢力妥協之下獲得了成功。民國之後，在實施民主過程中所出現的困難與挫折，亦部分源於此一妥協的性格。

辛亥革命成功之後，民國體制受到的第一次挑戰是袁世凱的帝制，他邀約支持者組織籌安會，宣揚「君憲救國」。此舉遭到國內強力的反對，其中最具決定性的反袁力量是雲南組織的護國軍。此一討袁行動結合了以唐繼堯為首的雲貴軍人，以梁啟超、蔡鍔為首的進步黨人與李烈鈞等國民黨人。反袁勢力逐步擴大，得到各地的響應，列強亦對袁提出警告。袁世凱此時迫於內外壓力，只好結束帝制，從此一病不起。之後，雖陸續有溥儀復辟、國民黨擬推行法西斯主義等歷史逆流，然民國理想已穩固確立，專制一去不返，民主共和成為國人至今仍努力追尋的目標。

革命，共和，是推動辛亥革命發生的動力

中國社會科學院近代史研究所前所長　張海鵬

辛亥革命與中國歷史上發生過的社會鼎革、王朝代異，性質是不同的。它不是一個王朝取代另一個王朝，而是一個社會制度代替另一個社會制度的變革。它不是依靠中國固有的儒家經典作為思想武器，而是以十九世紀末以來的新型知識分子從歐美各國學到的社會革命理論作為理論支撐的。

共和，共和！這是晚清以降志士仁人的口頭禪。這是區別中國近代與古代的分水嶺。這是許多英勇志士為之拋頭顱、灑熱血的崇高理念。這是推翻中國兩千年皇帝專制政治的結果。

中國處在封建皇帝專制政治下，自秦始皇以來已經兩千年。這是世界上發展最成熟的封建制度，曾經創造了中國中古社會發展的高度輝煌，17世紀以後，由於停滯不前，變成拖着中國社會發展後腿的痼疾。鴉片戰爭以後，這個制度的腐朽、沒落，通過一系列事件，暴露無遺。

16世紀上半葉，明朝末年，在經過了三保太監鄭和下西洋的輝煌時代以後，中國在世界生產力發展水平上開始落伍。明末清初，政府實施了嚴格的「片帆不許入海」的規定，國人把眼光盯住國內，不知道海外發生著什麼新奇故事。當18世紀末，乾隆皇帝把前來尋求貿易機會的英國使團貢獻的方物當作「奇技淫巧」的時候，他看不到這種「奇技淫巧」背後的生產力發展水平。不過過了40年，英國人再次前來叩關，蒸汽機驅動的輪船和鴉片飛剪船帶來的已經不是一般的商品了。第一次鴉片戰爭，過了十幾年，第二次鴉片戰爭，這個發展成熟到封建社會末期的社會制度所培育的社會經濟、

所成長的治國人才、所形成的儒學傳統，都已走入末路，對於來自西方的殖民主義侵略和資本主義生產方式，完全手足無措，沒了應對之方。

鴉片戰爭打起來的時候，絕大多數清朝官員包括廣東前線的官員，都不知道自己的對手是什麼人，來自哪一國。《南京條約》簽訂以後，道光皇帝還在追問，英國到底位於何方，是海上國家，還是陸上國家，距離中國遠近如何。連當時最具國際眼光的林則徐，也依故老傳聞，把西洋士兵說成是腿直不會打彎，登陸打仗肯定失敗。在前線指揮打仗的高官，以為拿糞便、女人經血可以抵擋住洋槍洋炮。朝廷上下，照樣嬉戲如故，文過飾非如故，子曰經云如故。他們完全不知道，中央之國以外，世界上有幾大洲，歐洲在甚麼地方，在歐洲的西部、南部，正在成長着新型的、完全區別於古老中國的資本主義制度──度過了工廠手工業時代，形成向機器生產發展的經濟制度，並且完成了初步的工業革命，正在向海外尋求着廣大的市場。正是在中國朝野上下懵懵然、昏昏然的時候，西方殖民主義國家帶着新生資本主義生產力的衝勁，帶着殖民主義擴張世界市場的野心，帶着歐洲人形成的國際法觀念，把一個不平等的條約體系強加給了中國。

最為慘痛的打擊，來自光緒二十年（公元1894年）開始的中日甲午戰爭。對象是蕞爾小國日本。日本與中國一衣帶水，向來是中國的學生。隋唐時期，日本派出許多學生、使者到中國求學，把中國的物質文化和精神文化有利於日本的東西都學過去了。留至今日最明顯的是文字和衣物。哪裏想像得到，時過境遷，經過1868年的明治維新，昔日的學生翹起了尾巴，鬧到兵臨城下的地步。在「同治中興」中輝煌一時的湘軍和淮軍，竟也抵擋不過小日本的軍隊。淮軍的最大頭領，時任直隸總督和北洋大臣的李鴻章，手裏抓着一支當時亞洲最為現代化的海軍，卻守着威海衛和旅順港，不許出海，把制海權拱手讓給了日本海軍。日本海陸齊下，佔領山東半島和遼東半島，徹底摧毀北洋海軍，在山海關外躍躍欲試，只待進軍北京。同時又佔領台灣省的澎湖列島，眼睛盯着台灣。這時候，日本指名要李鴻章代表清朝政府前去日本

馬關談判。談判結果，1895 年 4 月在馬關簽訂了《馬關條約》。這個條約，比以前簽訂的各項不平等條約帶給中國的打擊和損害都要大。除了允許西方列強在中國自由設廠以外，還規定：第一，中國賠款 2 億兩白銀；第二，割讓台灣島以及附屬島嶼和澎湖列島，割讓遼東半島，這是近代以來最嚴重的領土割讓。

《馬關條約》的談判、簽約和批准，極大損害國家尊嚴，打擊人民心理。談判過程中，不少朝廷官員連上奏章，反對割讓台灣島。簽約以後，更多的官員反對批准條約。康有為、梁啟超等率進京趕考的舉人發動「公車上書」，要求拒和，反對簽約，主張變法。近代中國革命和改良的兩大源頭都反對《馬關條約》的簽訂。這裏已經提到康有為主張變法的呼籲。革命派首領孫中山也是在這個時候產生了推翻清朝統治的思想。1894 年 11 月孫中山在夏威夷成立興中會，第一次在近代中國喊出「振興中華」的口號，發出了「驅除韃虜」的呼喊。

《馬關條約》以後，西方帝國主義列強看到蕞爾小國日本都能打敗中國，大大刺激了他們的侵華慾望。此後列強掀起了瓜分中國的狂潮。中國國勢岌岌可危。康有為和他的學生以民間知識分子的身分，立學會、辦報紙，廣泛宣傳西方資產階級的理論學說，鼓動變法主張。他的基本政治立場，是擁護光緒皇帝，在既有的政治體制內變法，實行君主立憲。他多次給皇帝上書，鼓吹君主立憲主張，也在一定程度上影響了朝中大臣。國勢危亡，有如累卵。光緒皇帝接受了康有為的變法主張，決心變法。他在一百多天的時間裏，發佈了變法的許多上諭，裁汰了一批舊衙門和官吏，也因此得罪了朝中守舊大臣。他們和「太上皇」慈禧太后相勾結，在 1898 年 10 月發動了「戊戌政變」，剝奪了光緒皇帝處理國家大政的權力，懲處了一批支持變法的官員，殺掉了主張變法的戊戌六君子（康有為、梁啟超被迫亡命海外），宣佈變法舉措一律作廢（僅保留了京師大學堂），同時加強了中央政府軍事、政治控制能力。一場轟轟烈烈的變法運動失敗了。

戊戌變法的失敗，對社會人心又是一次沉重打擊。改良派人士對改良失敗很灰心，革命派人士堅定了走革命道路的決心。

戊戌變法失敗後，緊接着是義和團發動的愛國反帝運動和八國聯軍的侵華，其結果是《辛丑條約》的簽訂。《辛丑條約》帶給中國的損失和屈辱，是自《南京條約》以來最嚴重的一次。

1901 年 9 月 7 日，清政府任命的首席議和大臣奕劻（慶親王）、李鴻章（直隸總督兼北洋大臣）代表清政府與英、俄、德、法、美、日、意、西、荷、比、奧十一國公使，在最後和約議定書上簽字，時為夏曆辛丑年，因此所簽條約又稱《辛丑條約》（西文稱為《北京議定書》）。

《辛丑條約》共有十二款，另加十九個附件，主要內容為：

一、派醇親王載灃為頭等專使赴德國謝罪；派戶部侍郎那桐為專使赴日本謝罪。在德使克林德被殺處立碑；對杉山彬「從伏榮之典」；外國墳墓被

挖掘及被損壞之處,建立「滌垢雪侮」碑。

二、懲辦「首禍諸臣」。一批王公大臣被殺頭,其他各省凡經發生教案和義和團的地區,文武官員百餘人分別斬首、充軍或革職永不敍用。

三、在外國人被殺的城鎮,停止文武各等考試五年。頒行佈告永遠禁止成立或加入敵視諸國之會,違者皆斬。各省督撫文武官員於所屬境內如復有傷害外國人等情事,必須立時彈壓懲辦,否則,該管之員,即行革職,永不敍用。

四、向各國賠款白銀4.5億兩,加年息四厘,分39年付清,本息合計9.8億兩,以海關、常關及鹽政各進款為擔保。此外,還有各省地方賠款2000多萬兩,總數超過10億兩。

五、將大沽炮台及自北京至海的所有炮台「一律削平」。在天津周圍二十里內,不准駐紮中國軍隊;准許各國派兵駐紮在京榆鐵路沿線的黃村、天津、唐山、灤州、昌黎、秦皇島、山海關等十二處戰略要地,以控制北京至海的交通。禁止軍火和製造軍火的各種器材運入中國,為期兩年,並可延長禁運期。這是最早對中國的武器禁運和制裁。

六、北京東交民巷劃為外國使館區,許各國駐兵保護,不准中國人居住。

七、總理各國事務衙門改為外務部,班列六部之前。變通諸國欽差大臣覲見禮節。

《辛丑條約》簽訂之後,李鴻章一病不起,於11月7日死去。李鴻章死後,在鎮壓義和團中有功的山東巡撫袁世凱被任命為直隸總督,從此,袁世凱平步青雲,成為影響此後中國政治走向的重要人物。慈禧一伙等聯軍撤走,才從西安啟程「回鑾」。獲得外國赦免與保護的皇太后,又恢復了往日的窮奢極慾。她不顧深重的國難民災,大肆鋪張,發卒數萬人,驅車3000輛,拉着各省進貢的金銀財寶、綾羅綢緞,一路黃土墊道、懸燈結綵,於1902年1月7日回到了北京。

如果說1842年的《南京條約》是中國淪為半殖民地半封建社會的開始,那麼,1901年的《辛丑條約》則標誌着這種社會形態的確立。《辛丑條約》

是所有不平等條約中最嚴重的一個，它保住了慈禧太后和封建王朝的統治地位，是帝國主義直接瓜分中國的替代條約，對中國國家和人民的影響是極其重大的。

首先影響到國家的政治地位。辛丑以前，列強雖然嚴重侵害了中國的主權，但尚未在中國領土合法駐軍。《辛丑條約》規定，外國軍隊得駐紮於中國京畿的戰略要地，並將北京至大沽的炮台一律削平。這等於對中國實行了永久軍事佔領。辛丑以前，中國境內已有列強享受種種特權的租界，《辛丑條約》則將這種制度發展到形成中國人不得進入的武裝使館區，成為真正意義的「國中之國」，它在紫禁城旁，用槍口監督着清廷的一舉一動。辛丑以前，中國人捱列強的打還可以還手抵抗，此後不僅抵抗的權利被完全剝奪，一般民眾加入反帝組織也絕不允許，中國政府的官員則成了列強鎮壓人民的工具，否則就要被革職懲辦。清廷，成了「洋人的朝廷」！美國歷史學家馬士當時評論道：中國此時「已經達到了國家地位非常低落的階段，低到只是保護了獨立主權國家的極少屬性的地步了」。可以說，這時候起，清政府實際上成了帝國主義統治中國的兒皇帝。

其次影響到國家的經濟地位。如果說自 1840 年以來，西方商品和資本的輸入，使中國在自由貿易的旗號下，開始了經濟的被侵略歷程，那麼，戰爭賠款則是赤裸裸的劫掠。列強的劫掠一次比一次厲害，直至整個國家財政盡入其囊。《辛丑條約》規定的賠款本息近 10 億兩白銀，而清政府全年的財政收入還不足白銀 1 億兩。每年要歸還本息 2000 萬兩，要還清這筆巨額賠款，只有層層加派，分攤到每一個老百姓頭上。以中國洋務自強幾十年建造起來的近代工業約 2000 萬兩白銀的總資本作比方，列強要把這個可憐的家底，連鍋端走五十餘次！說中國已經成了被列強套着韁索的經濟奴隸，一點也不為過。條約還規定，各國要同中國簽訂新的商約，實際上是要進一步擴大對中國的經濟侵略。

再從精神方面的影響看，自鴉片戰爭以來，列強一直注重對中國的心理征服。《辛丑條約》規定賠款 4.5 億兩，是以 4.5 億人為標準制定的，是對

全體中國人的懲罰；規定凡是有義和團活動的地方，停止科舉考試五年，是對華北地區所有知識分子的懲罰；規定《辛丑條約》以及所有十九個附件，都要以皇帝的名義在全國各地張榜公佈，是對全國官民的警告。這些對全國人民的心理壓力是巨大的。以慈禧為代表的中國統治階級，由傳統意識維繫的心理防線終於被徹底摧垮。謝罪，懲兇，立碑，停試，天朝上國的妄自尊大、盲目排外，一下子變成了乞命討饒，奴顏婢膝。據記載，自西安回到皇宮的西太后在接見外賓時，一把抓住美國公使夫人的手，好幾分鐘沒有放開，嗚咽抽泣着反悔自己的錯誤，「量中華之物力，結與國之歡心」的諂媚態度表現無遺。統治階級的思想即是社會的主流思想，一股崇洋、媚洋的殖民地意識就這樣在中國蔓延開來。

這樣的朝廷，被當時的革命派看作「洋人的朝廷」。像這樣的洋人朝廷，還能指望它恢復國家的主權嗎？還能指望它注重人民的權利嗎？還能相信它提高人民的福祉嗎？從帝國主義的侵略中，從清王朝的腐敗中，革命派看出了一個簡單的邏輯：封建專制統治救不了中國，必須用革命的手段推翻清朝專制皇帝的統治，必須建立中國的共和制度！就是在這樣的歷史大背景下，20 世紀初中國新的民族覺醒的標誌 —— 共和革命，便加速度來臨了。

辛亥革命時期是近代中國在諸多矛盾中從封建專制走向民主共和的時期。革命派（孫中山、黃興、章太炎、宋教仁等）、立憲派（康有為、梁啟超、張謇、嚴復等）、地主階級開明派（袁世凱、黎元洪等）和滿漢統治階級中的頑固派以及外國勢力在近代中國走向共和的過程中扮演了不同角色。

辛亥革命與中國歷史上發生過的社會鼎革、王朝代異，性質是不同的。它不是一個王朝取代另一個王朝，而是一種社會制度代替另一種社會制度的變革。它不依靠中國固有的儒家經典為思想武器，而是以 19 世紀末以來新型知識分子從歐美各國學到的社會革命理論為支撐。孫中山、黃興、章太炎、

宋教仁等就是這批人中的傑出代表。列強侵略了中國，也給中國人帶來了新的思想武器，支持這個思想武器的是以機器作為動力的生產方式。

以孫中山為首的革命者，為了「振興中華」，推動中國社會的進步，決心用社會革命的方式，推翻「洋人的朝廷」。孫中山、黃興等組織了中國第一個資產階級革命團體——同盟會，把分佈在海內外的革命者和先進知識分子團結在自己周圍，為反清革命作了大量的思想啟蒙、輿論宣傳工作，發動了多次武裝起義，大大推動了反清革命的進程。迫於形勢，清政府不得不進行一些有限的改革。但是，在半殖民地半封建社會，在帝國主義列強的監視下，這種改革只可能從挽救封建朝廷的危亡出發，不可能從根本上衝擊封建統治，不可能滿足民族資產階級參政的訴求。同時，巨額賠款和開展「新政」所需的大量經費，嚴重加大了廣大人民群眾的負擔。這樣，辛亥革命的爆發就是必然的了。1911 年 4 月的廣州黃花崗起義、8—9 月的四川保路運動、10 月武昌首義以及隨後的各省響應，是標誌辛亥革命必然發生的一系列政治事件。

辛亥革命推翻了清朝統治，結束了我國兩千多年的封建帝制，成立了我國歷史上第一個民主共和國。辛亥革命是我國近代歷史發展的重要轉折點，是反帝反封建的資產階級民主革命的起點，是一個偉大的里程碑，它把中國歷史向前推動了一大步。由於時代條件和資產階級的軟弱，辛亥革命又是一次不徹底的革命，它沒有完成反對帝國主義、反對封建主義的任務，沒有給中國帶來獨立、民主和富強。它的勝利和失敗，給此後的反帝反封建革命提供了經驗與教訓，開闢了前進的道路。

百年滄桑，百年回顧，今天的中國人應該特別重視辛亥革命留下的精神遺產。海峽兩岸的中國人，都是辛亥革命遺產的繼承人。

1856 年，一宗看似不起眼的「海盜船」事件和教案，
再度引致清帝國和西方的衝突。
英法兩國派出遠征軍，長途跋涉，
發動第二次鴉片戰爭，
1858 年攻陷天津大沽炮台，
逼迫清政府簽訂城下之盟。
兩年後的 8 月，
為了在清帝國的首都北京
交換《天津條約》的批准文本，
英法聯軍捲土重來，再度攻陷大沽炮台，
隨後進軍北京，
清咸豐帝於倉促之中在 9 月間逃往夏都承德。
10 月，英法聯軍兵臨北京，
壯麗的帝國宮殿圓明園付之一炬。
俄國則趁火打劫，入侵東北，割佔中國大片領土。
在圓明園的衝天火光中，
曾經長期自居為世界之「中」的老大帝國，
面對着西洋的堅船利炮，是那樣的軟弱無助。
此時此刻，經歷過第一次鴉片戰爭失敗的
清朝統治者又一次發現，
世界之大，天外有天，
那些傳說中腿都不會打彎的洋人兵士，
卻嫻熟地使用着洋槍洋炮打入京城。
割地賠款的結果，使清政府又失去了部分主權，
漸漸被以協定關稅、治外法權、片面最惠國待遇
為主要內容的不平等條約體系籠罩和束縛。
有着數千年輝煌文明傳承的中國，
便以如此的屈辱不堪，
告別以自我為中心的「天下」，
被納入以西方為中心的近代世界體系之中。

第二次鴉片戰爭

一八五六—一八六〇

中國古代貞節牌坊，1850—1870 年

中國古時為女性興建的牌坊建築，用來表彰她們因丈夫過世而不改嫁或自殺殉葬。

弗朗西斯・弗里斯（Francis Frith），英國倫敦維多利亞與艾伯特博物館（The Victoria and Albert Museum, London, UK）

「啟蒙運動就是人類脫離自己所加之於自己的不成熟狀態。不成熟狀態就是不經別人的引導,就對運用自己的理智無能為力。當其原因不在於缺乏理智,而在於不經別人的引導就缺乏勇氣與決心去加以運用時,那麼這種不成熟狀態就是自己所加之於自己的了。Sapereaude!要有勇氣運用你自己的理智,這就是啟蒙運動的口號。」

康德(Immanuel Kant, 1724—1804),德國哲學家

光孝寺祝聖殿,廣州,1860 年

光孝寺佔地 3 萬平方米,始建於 1700 多年前,
是嶺南地區年代最古老、規模最宏大的佛教寺廟,
中印佛教文化交流的策源地之一。

費利斯・比托(Felice A. Beato),英國倫敦維多利亞與艾伯特博物館(The Victoria and Albert Museum, London, UK)

恭親王奕訢（1833—1898），約 1860 年

奕訢，道光帝第六子，1860 年在第二次鴉片戰爭中受命為全權欽差大臣，

負責與英、法、俄談判，簽訂《北京條約》。

比托當時共拍攝了兩張奕訢的肖像，另外一張正臉的略帶慍怒。

儘管奕訢對未被允許的拍攝表示不滿，但在當時的外交形勢下又不得不拍攝這張側面肖像。

費利斯・比托（Felice A. Beato），英國倫敦皇家亞洲學會（Royal Asiatic Society, London, UK）

香港跑馬地賽馬場正面看台，1860—1865 年

跑馬地又稱快活谷（Happy Valley），是香港第一個賽馬場，

位於灣仔及銅鑼灣之間，第一場賽馬早在 1846 年舉行。

《南京條約》之後，賽馬運動被引入香港。

費利斯・比托（Felice A. Beato），英國倫敦皇家亞洲學會（Royal Asiatic Society, London, UK）

「⋯⋯在中國的傳教士所面臨的問題，不僅是如何拯救佔人類四分之一的人的靈魂，而且還包括如何在年均四百萬的死亡率下拯救他們的肉體，以及如何解放他們那比婦女的裹足更扭曲的心智⋯⋯」

李提摩太（Timothy Richard, 1845—1919），英國浸禮會傳教士，來華長達 45 年

牧師與教民在久逝的基督教徒墓前默哀，澳門，約 1860 年

英國倫敦傳道會馬禮遜牧師（Robert Morrison）
1807 年抵達澳門，是較早來到中國的傳道者。
近代西方文化的傳入，從時間上說是明末清初，
從地域上說是澳門。
基督教對中國近代化有着很大的影響，直接影響針對信徒本人，間接影響針對社會改革。
從歷史角度講，後者影響更大一些。

馬西安諾・安東尼奧・畢士達（Marciano Antonio Baptista）

第 52—53 頁

行刑場景，上海，19 世紀 70 年代

斬首為中國古代較輕的刑罰，受刑者僅遭受瞬間疼痛。在古代中國、英國、法國等國家，斬首均會公開進行，民眾圍觀劊子手如何執行刑罰。中國在 1905 年以槍決代替斬首。

威廉・桑德斯（William Saunders），德國威廉港市檔案館（City Archive in Wilhelmshaven, Germany）

「一個中國或中國國土不可分割的思想，是中國有史以來就存在的。這種思想不能從中國的文字或從中國人民的心中抹掉，這不僅是一種思想而且是一種感情，一種由幾千年的行為習慣養成的基本感情。……總之，中國的統一是中國人本身的特徵。它來源於一種文化信仰，是比單純西方式的民族主義強烈得多的感情。」

費正清（John King Fairbank, 1907—1991），哈佛大學終身教授，著名歷史學家

八達嶺長城全景，1860 年

這是長城的八達嶺段，城牆沿山勢蜿蜒而上，山谷中的圍城已經殘破，
這裏是從北邊進出北京的重要通道。

佚名，英國倫敦維多利亞與艾伯特博物館（The Victoria and Albert Museum, London, UK）

北塘左營炮台內部，天津，1860 年 8 月 5 日—9 日

1860 年 8 月 1 日，英法聯軍以艦船 200 餘艘，陸軍 1.7 萬人，分別從大連、煙台出發，
避開防守嚴密的大沽，在清軍撤防的北塘登陸。北塘左營炮台位於薊運河入海口的南側，
被聯軍佔領後，這裏成為第一錫克騎兵團駐地。

費利斯・比托（Felice A. Beato），英國倫敦維多利亞與艾伯特博物館（The Victoria and Albert Museum, London, UK）

1860 年 8 月 1 日，英法聯軍以艦船 200 餘艘，陸軍 1.7 萬人，分別從大連、煙台出發，

「沒有什麼比以歐洲的標準判斷中國會犯更大的錯誤。」

喬治‧馬噶爾尼（George Macartney, 1737—1806），英國外交官，乾隆年間率使團訪華

淪陷後的塘沽炮台，1860 年 8 月 14 日—20 日

1860 年 8 月 12 日，英法聯軍攻佔新河。8 月 14 日凌晨，英法聯軍數千人撲向塘沽。
塘沽與大沽僅一河之隔，是大沽口北岸炮台側後的重要屏障。
北塘炮台周圍都是沼澤，且佈有尖銳的木樁，但由於僧格林沁戰略上的失誤，從這裏撤軍移防北京，導致其淪陷。
費利斯‧比托（Felice A. Beato），英國倫敦維多利亞與艾伯特博物館（The Victoria and Albert Museum, London, UK）

北塘左營炮台的英軍總部，1860 年 8 月 2 日—12 日

聯軍佔領北塘左營炮台後，英、法分別佔據炮台西、東兩側高台作為總部。

由於僧格林沁的部隊從這裏撤防，因此雙方沒有發生大規模的戰鬥，

地面上是清軍撤離時棄置的火炮和彈丸。

費利斯‧比托（Felice A. Beato），英國倫敦維多利亞與艾伯特博物館（The Victoria and Albert Museum, London, UK）

「大英帝國無永恆敵人，亦無永恆朋友，卻有永恆利益。」
迪斯瑞理伯爵（Earl Benjamin Disraeli, 1804—1881），曾兩任英國首相

大沽口北炮台一角，1860 年 8 月 20 日—21 日

大沽口炮台位於大沽口海河兩岸，是入京咽喉，津門之屏障，
素為海防重鎮，有「南有虎門，北有大沽」之說。
8 月 21 日，聯軍陸戰隊在炮火掩護下，從塘沽迂迴側擊大沽口北岸炮台。

費利斯・比托（Felice A. Beato），英國倫敦維多利亞與艾伯特博物館
（The Victoria and Albert Museum, London, UK）

「老百姓給當官的效勞，用自己的效勞來使當官的快活，他們自己卻一無所得。」

色拉敍馬霍斯（Thrasymachus, ca. 459—400 BCE），古希臘詭辯家

大清官員董恂（1810—1892），北京，1869 年

同治八年（公元 1869 年）六月至光緒八年（公元 1882 年）正月任戶部尚書。
歷事道光、咸豐、同治、光緒四朝。曾入總理各國事務衙門，
作為全權大臣，奉派與比利時、英國、俄國、美國等國簽訂通商條約。

約翰・湯姆遜（John Thomson），英國倫敦維爾康姆圖書館（Wellcome Library, London, UK）

被攻陷的大沽口北炮台，1860 年 8 月 21 日

經過一番慘烈的戰鬥，扼守白河最重要的大沽口北炮台被聯軍攻陷。
傳統中式火炮和抬槍還是不能抵禦聯軍的進攻，
聯軍最後依靠雲梯登上炮台，陣亡的清軍士兵都倒在自己的炮位上。

費利斯・比托（Felice A. Beato），中國國家圖書館提供

集結在港灣的英法艦隊和聯軍營地，香港九龍，1860 年 3 月

1858 年 5 月，英法聯軍北上，攻陷大沽炮台，迫使清政府簽訂《天津條約》。

1860 年 3 月，英軍在九龍尖沙咀一帶登陸，並在此安營紮寨。

3 月 21 日，英國駐廣州領事巴夏禮誘迫兩廣總督勞崇光簽署《勞崇光與巴夏禮協定》，

強租九龍（包括昂船洲），年租銀 500 兩。

費利斯・比托（Felice A. Beato），英國倫敦維多利亞與艾伯特博物館（The Victoria and Albert Museum, London, UK）

「那些不僅掠奪人民的錢財，而且剝奪人民的身體和自由的人，不但沒有惡名，反而被認為有福。」

色拉敍馬霍斯（Thrasymachus, ca. 459—400 BCE），古希臘詭辯家

奕譞在南苑神機營，北京，1863 年

奕譞（1840—1891），咸豐帝異母弟、光緒帝生父。
時為醇郡王，擔任都統、御前大臣、領侍衛內大臣。
神機營於咸豐十一年（公元 1861 年）建立，配有西方近代武器裝備，
後成為清末禁衛軍的主力。

佚名

「西方入侵將一個富於傳統性的王朝衰落轉變為一場社會和思想的革命。」

孔飛力（Philip A. Kuhn, 1933— ），美國著名中國學家

弓箭手，1872 年

此時歐洲已完成第一次工業革命，火炮和步槍已大規模裝備於軍隊，而中國的兵士仍以長弓羽箭為最基本的武器。

約翰 · 湯姆遜（John Thomson），中國國家圖書館提供

南口關溝彈琴峽，北京，1871—1872 年

關溝是今昌平區南口到八達嶺之間的 20 公里長的峽谷。

作為北京北方的門戶，這裏自古是兵家必爭之地。

彈琴峽位於關溝中段，因為此處有溪水，流過時叮咚之聲在峽谷內迴盪，故名。

後在修建京張鐵路和京張公路時被埋，兩側山體上的關帝廟和魁星閣雄姿，今已不復在。

約翰 • 湯姆遜（John Thomson），英國倫敦維爾康姆圖書館（Wellcome Library, London, UK）

被繳獲的中國武器，北塘炮台，1860 年

清軍從北塘炮台撤退時遺棄了大量的輜重和彈藥，
從地上的彈丸看，清軍當時裝備的炮彈口徑懸殊。

費利斯 • 比托（Felice A. Beato），英國倫敦維多利亞與艾伯
特博物館（The Victoria and Albert Museum, London, UK）

第 70—71 頁

**香港閱兵場，遠處港灣上停泊的大船是一艘鴉片船，
1862 年 5 月**

英國軍隊在香港閱兵，宣示著其對那裏的主權。
1842 年《南京條約》簽訂後，香港成為英國殖民地，
意味著清政府第一次正式向西方國家永久性地割讓土地。

彌爾頓 • 米勒（Milton M. Miller），英國倫敦皇家亞洲學會
（Royal Asiatic Society of Great Britain and Ireland, London, UK）

第 72 頁

兩廣總督劉長佑，廣州，19 世紀 60 年代

劉長佑（1818—1887），曾募鄉勇圍剿太平軍。
同治元年（公元 1862 年），升任兩廣總督。
後歷任廣東、廣西巡撫、雲貴總督。

彌爾頓 • 米勒（Milton M. Miller），英國倫敦皇家亞洲學會
（Royal Asiatic Society of Great Britain and Ireland, London, UK）

第 73 頁

貴族婦女，廣東，1860—1869 年

彌爾頓 • 米勒（Milton M. Miller），英國倫敦皇家亞洲學會
（Royal Asiatic Society of Great Britain and Ireland, London, UK）

香港水濱及港灣俯視圖，
1860—1869 年

佚名，英國倫敦皇家亞洲學會
（Royal Asiatic Society of
Great Britain and Ireland,
London, UK）

「勢力範圍，從未承認；利益範圍，從未否認。」

約瑟夫・張伯倫（Joseph Chamberlain, 1836—1914），英國著名企業家、政治家、演說家

圓明園諧奇趣主樓東側面，1873 年

諧奇趣位於西洋樓景區西端南部，是乾隆十六年（公元 1751 年）秋季竣工的第一座歐式水法（噴泉）大殿。

儘管已燒毀，但從牆面上殘存的琉璃裝飾仍可見其全盛時的繁華，也反映出乾隆朝的國力。

恩斯特・奧爾末（Ernst Ohlmer），秦風老照片館

圓明園諧奇趣主樓北面，1873 年

諧奇趣北面是一個小廣場，東邊是養雀籠，西邊是為諧奇趣前後噴水池供水的蓄水樓，
北側是通往萬花陣的花園門。廣場中心前邊是一個小型噴水池，
四方有通往周邊各建築的石甬路。噴水池曾被盜拆移往民宅，1987 年才移回原位。

恩斯特・奧爾末（Ernst Ohlmer），秦風老照片館

第 78—79 頁

路邊小景，香港，1860—1862 年

幾位婦女坐在路邊轎子前修補衣服。

彌爾頓・米勒（Milton M. Miller），英國倫敦皇家亞洲學會
（Royal Asiatic Society of Great Britain and Ireland, London, UK）

清朝官員夫婦，廣東，1860—1862 年

彌爾頓 • 米勒〔Milton M. Miller〕，
英國倫敦皇家亞洲學會〔Royal Asiatic Society of Great Britain and Ireland, London, UK〕

夏日的運水工與小型運水車，北京，1861 年

後面的房子為水井所在處，北京俗稱「水窩子」。

佚名，倫敦傳道會／世界傳道會檔案館，英國倫敦大學亞非學院
〔London Missionary Society / Council for World Mission Archives, SOAS, London,
UK〕

第 82—83 頁

清朝官員的一家，廣州，1860—1862 年

彌爾頓・米勒（Milton M. Miller），英國倫敦皇家亞洲學會
（Royal Asiatic Society of Great Britain and Ireland, London, UK）

第 84 頁

**清朝官員的妻子，廣州，
1860—1862 年**

彌爾頓・米勒（Milton M. Miller），英國
倫敦皇家亞洲學會（Royal Asiatic Society of
Great Britain and Ireland, London, UK）

第 85 頁

**清朝將軍的正室妻子，廣州，
1860—1862 年**

彌爾頓・米勒（Milton M. Miller），英國
倫敦皇家亞洲學會（Royal Asiatic Society of
Great Britain and Ireland, London, UK）

英國公易洋行買辦英昌（音譯），漢口，1860—1862 年

1843 年上海開埠後，英、美、法、德、日
各國商人相繼到上海開設洋行。
洋行的經營範圍從進出口貿易到航運、保險、
金融匯兌，內容廣泛。
其買賣方式主要是物物交換，
以鴉片和洋布交換中國的絲綢和茶葉。
公易洋行 1850 年前由英國商人開辦，
原名 Mac. Vicar & Co.，後於 1851 年解散改組。

彌爾頓・米勒（Milton M. Miller），英國倫敦皇家亞洲學會
（Royal Asiatic Society of Great Britain and Ireland, London, UK）

上海商人，1860—1862 年

鴉片戰爭之後，根據《南京條約》的規定，上海成為「五口通商」口岸之一。

1853 年通商貿易額超過廣州，成為全國最大的對外通商貿易口岸。

至 1865 年底，上海共有 88 家商號，商人、買辦等數量大增。

彌爾頓・米勒（Milton M. Miller），英國倫敦皇家亞洲學會（Royal Asiatic Society of Great Britain and Ireland, London, UK）

汲水車，汕頭，1871 年

拍攝於汕頭附近的韓江。韓江是廣東省第二大河流，此時正值旱季，水位太低，灌溉不易，
必須靠這個木造的汲水車人工打水灌溉。

約翰・湯姆遜（John Thomson），英國倫敦維爾康姆圖書館（Wellcome Library, London, UK）

「暴君的專制使人們變成冷嘲，愚民的專制使人們變成死相。大家漸漸死下去，而自己反以為衛道有效，這才漸近於正經的活人。世上如果還有真要活下去的人們，就先該敢說，敢笑，敢哭，敢怒，敢罵，敢打，在這可詛咒的地方擊退了可詛咒的時代。」

魯迅（1881—1936），中國文學家、思想家

九江，1867 年

約翰・湯姆遜（John Thomson），英國倫敦維爾康姆圖書館（Wellcome Library, London, UK）

下鄉巡視的清代官員，長江上游，1869 年

滿人定鼎中原後仍然強調騎馬射箭，這是「祖宗」根本，文官大多坐轎，武官則騎馬。
但此時的西方世界早已完成工業革命，過分固守傳統只能與世界的距離越來越遠。

約翰・湯姆遜（John Thomson），英國倫敦維爾康姆圖書館（Wellcome Library, London, UK）

「如果我不是出生在王族，我早就加入革命黨反叛朝廷了。」

善耆（1866─1922），清末代肅親王

中國北方士兵，約 1870 年

威廉・桑德斯（William Saunders）

總理各國事務衙門大臣，北京，1872 年

沈桂芬（左，1818─1880），兵部尚書，軍機大臣；

董恂（中），戶部尚書；毛昶熙（右，1817─1882），工部尚書。

三人同時兼總理各國事務衙門大臣。

約翰・湯姆遜（John Thomson），英國倫敦維爾康姆圖書館（Wellcome Library, London, UK）

正在梳妝的滿族女子，1869 年

約翰・湯姆遜（John Thomson），英國倫敦維爾康姆圖書館（Wellcome Library, London, UK）

「中國不是一個民族國家，而是一個佯裝成國家的文明。」

白魯恂（Lucian Pye, 1921—2008），美國政治學家、漢學家

頭戴黑色天鵝絨髮網的束髮婦女，上海，1869 年

天鵝絨在當時是進口奢侈品，在上海被認為是很時髦的飾品。

約翰·湯姆遜（John Thomson），英國倫敦維爾康姆圖書館（Wellcome Library, London, UK）

老嫗，廣州，1869 年

約翰·湯姆遜（John Thomson），英國倫敦維爾康姆圖書館（Wellcome Library, London, UK）

修腳師，北京，1869 年

這些修腳師不單單可以提供剪腳趾甲等簡單的服務，
還是流動的腳醫，根治雞眼等各種腳病。

約翰・湯姆遜（John Thomson），英國倫敦維爾康姆圖書館（Wellcome Library, London, UK）

老人和他的驢子，北京，1869 年

約翰・湯姆遜（John Thomson），英國倫敦維爾康姆圖書館（Wellcome Library, London, UK）

磨刀工，北京，1869 年

當時北京街道上凸起的道路可以供兩輛手推車並排通過，
街道兩旁是林立的商店。商店和手推車道路之間的空地上，
佈滿了各種商亭、貨攤等流動商販。

約翰・湯姆遜（John Thomson），英國倫敦維爾康姆圖書館（Wellcome Library, London, UK）

身穿傳統服飾的夫妻在歐式房屋前的全身照，廈門，1870 年

約翰・湯姆遜（John Thomson），英國倫敦維爾康姆圖書館（Wellcome Library, London, UK）

開元寺無樑殿前，蘇州，約 1865 年

開元寺無樑殿建於明萬曆四十六年（公元 1618 年），因純為磨磚嵌縫縱橫拱券結構，
不用樑柱，故稱無樑殿。

佚名

教會學校，北京，1871—1872 年

隨着外國資本在中國開辦的企業增多及洋務運動的興起，19 世紀 70 年代中期，
中國教會學校總數增至 800 多所，學生近 2 萬人，仍以小學為主，開始有少量中學。
清末北京的教會學校培養的外語人才，日後多成為翻譯、買辦或外國公司的職員。

約翰・湯姆遜（John Thomson），英國倫敦維爾康姆圖書館（Wellcome Library, London, UK）

明孝陵，南京，約 1865 年

明代開國皇帝朱元璋（1328—1398）和皇后馬氏的合葬陵墓。因皇后諡「孝慈」，故名孝陵。

坐落在南京市東郊紫金山南麓獨龍阜玩珠峰下，是中國古代最大的帝王陵寢之一。

通往陵墓的神道邊站立着文臣武將的石像生。

佚名

傳教的船隻在長江中航行，約 1880 年

自 1858 年中英《天津條約》簽訂後，英法人士可在內地遊歷及傳教，英法商船可以在長江各口岸往來。

佚名，貝特曼圖片資料館／卡彼斯圖片社（Bettmann/CORBIS）

長江上的中國翻譯，1871 年

　　鴉片戰爭以後，清朝逐漸採納西方外交實踐與軍事和技術手段發起自強運動。
1861—1872 年，強調建立翻譯館、新式學堂等，培養翻譯、軍事技術與外交專業人才。

　　約翰・湯姆遜（John Thomson），英國倫敦維爾康姆圖書館（Wellcome Library, London, UK）

「把災難的由來歸之於道德原因是標準的儒家做法。像人口膨脹這類長期的趨勢儘管可能被看作促成叛亂的因素，但並不被看作是決定性的。人口沒有給資源造成沉重壓力的社會，和在生存邊緣上過活的社會相比，大概能夠承受更多的腐敗現象。腐敗或許應該被看作一種自然的災害：在一個沒有足夠儲備的村社中，貪污即使稍微厲害一些也能夠把農民從起碼的生活線推到餓死的邊緣。」

孔飛力（Philip A. Kuhn, 1933— ），美國著名漢學家

長江上吃早餐的船工，1872 年

約翰・湯姆遜拍攝於前往長江上游的旅途中。
在兇險的三峽航道被炸藥和蒸汽機馴服之前，
這些壯實的船工是船隻沿長江上行時最主要的動力。

約翰・湯姆遜（John Thomson），英國倫敦維爾康姆圖書館（Wellcome Library, London, UK）

漢族婦女，廣州，約 1870 年

威廉・普瑞爾・弗洛伊德（William Pryor Floyd）

萬壽橋上的人羣，福州，1870—1871 年

萬壽橋是閩江福州段最古老的一座石橋，

歷史最早可以追溯到北宋元祐八年（公元 1093 年）。

舊為浮橋，橫跨台江，江面寬 3 里，

後由附近萬壽寺僧人募資建石橋，橋長 170 多丈，

1995 年被拆除重建為鋼鐵大橋。

約翰・湯姆遜（John Thomson），英國倫敦維爾康姆圖書館
（Wellcome Library, London, UK）

英國領事館衛隊，廣州，1871 年

第一次鴉片戰爭後英國在廣州設立領事館，並徵召當地人組成領館衛隊。

照片中為英國駐廣東領事羅伯遜（Sir D. B. Robertson）的本地護衛隊員。遠處是廣州花塔。

約翰・湯姆遜（John Thomson），英國倫敦維爾康姆圖書館（Wellcome Library, London, UK）

中國製造的第一輛簡易蒸汽機車「中國火箭號」，1881 年

1881 年唐胥鐵路通車時，
唐山開平礦務局工程處中國工人憑藉時任工程師的英國人
金達（Claude William Kinder, 1852—1936）的幾份設計圖紙，
採用礦場起重鍋爐和豎井架的槽鐵等舊材料試製而成。

佚名，美國華盛頓國會圖書館（Library of Congress, Washington, USA）

第 114—115 頁

庫克上校（Col. Cooke）率領的「衛安勇」，寧波，19 世紀 70 年代

太平天國運動中，上海、寧波一帶的政府曾組織由外國人訓練和帶領的地方武裝，並裝備以西式槍炮。
太平天國覆滅後，這些武裝繼續發揮保護地方的作用，甚至擔負起保護洋商的任務，類似「警察」。

沃森少校（Major Watson），美國坎布里奇哈佛燕京圖書館（Harvard-Yenching Library, Cambridge, USA）

第 116—117 頁

一家藤製品廠，1875 年

手工藝製品是中國對外貿易中一項很重要的出口產品。

中國的藤製傢具、器物在歐洲很受歡迎，西方商人提供設計和樣式，交由廉價的

中國勞動力製作。手工業是貧苦的中國農民在農業生產之外最重要的經濟來源。

佚名

清朝地方衙門審案場景，上海縣城，1870 年

1843 年上海開闢租界後，列強憑條約中關於領事裁判權的規定，在租界內設立了領事法庭。

後 1864 年設立的「洋涇浜北首理事衙門」建立會審公廨制度，

由道台任命中國讞員與外國領事會同審理租界內與華人有關的訴訟案件。

威廉・桑德斯（William Saunders），怡和集團（Jardine Matheson Group）收藏

「中國不可能既要吸收我們的學問、我們的科學、我們的工業，卻不跟着引進政治造反的病毒。」

《紐約時報》，1881 年 7 月 23 日

穿着化裝舞會服裝的外國人，廣州，19 世紀 70 年代

早年派駐中國的外國人，為了緩解業餘生活的苦悶，把西方的娛樂方式帶入中國，
如組建賽馬會、賽艇隊，還經常組織化裝舞會。
這幾個外國人在廣州沙面的外國人居住區內，穿着化裝舞會的服裝在榕樹下合影。
佚名，美國坎布里奇哈佛燕京圖書館（Harvard-Yenching Library, Cambridge, USA）

「五洲列國，變法者興，因循者殆。」

　　李鴻章（1823—1901），19世紀中國著名
　　政治家、外交家、洋務運動主要倡導者之一

李鴻章視察唐山車站，1886年

唐胥鐵路建於1881年，長9.7公里。
1886年延展至蘆台，
李鴻章（前排左四）前往視察並主持通車儀式。
1889年清政府第一次正式宣佈興辦鐵路。
截至1912年，中國建成鐵路約9244公里。
佚名，中國第二歷史檔案館提供

「英美及西歐等國人之所以是『智』、『富』、『強』者，並不因為他們是英美等國人，而是因為他們是城裏人；中國人之所以是『愚』、『貧』、『弱』者，並不是因為他們是中國人，而是因為中國人是鄉下人。」

馮友蘭（1895—1990），中國哲學家

抽取蠶絲的女工，香港，19 世紀 80 年代

生絲是 19 世紀中國最主要的出口商品之一。

從照片中展示的裝置來看，此時家庭繅絲業已經有了一定規模，

在這兩架樣式統一的機器背後，

必然有上游收貨商人所制定的統一貨品規格。

眾多這樣零散的家庭手工作坊彙集起來，

成為中國近代工業和對外貿易的根基。

佚名，華蓋創意（Getty Images）

1894 年 9 月 17 日，
清朝北洋艦隊與日本聯合艦隊相遇於黃海大東溝海域，
進行中日甲午戰爭期間最大規模的海戰，
結果以北洋艦隊損失五艦而聯合艦隊無一沉沒結束戰鬥。
北洋「致遠」艦在戰鬥中受損，
開足馬力撞向日艦未果，
這表明個人的捨身成仁並不能挽救中國的危亡命運。
鴉片戰爭開中國「數千年未有之變局」，
也刺激了國人的精神與心理，
「師夷長技以制夷」成為國人，
尤其是那些與「洋人」打交道的官員最初的自然反應。
歷經兩次鴉片戰爭之敗和京城失陷之辱，
他們痛定思痛，辦「洋務」、師「洋人」，
洋務運動應運而生。
從洋槍洋炮到近代機器，從洋文翻譯到出洋留學，
一時間倒也轟轟烈烈，蔚為大觀。
清政府甚至依託來自西洋的採購，
打造了當時亞洲首屈一指的近代海軍 —— 北洋艦隊。
歷史曾經給過中國某種機遇，擺脫自身被壓迫的命運。
然而，器物層面的革新沒有制度層面的跟進與支撐，
「新」的表象之下仍然是「舊」。
與之相比照的是近鄰日本，
同樣是在西洋強力壓迫下的「開國」，
卻能深自警醒，上下一心，通過明治維新奮發進取，
並以其在甲午戰爭中之大勝，確定了東亞強權的地位。
清帝國的命運則剛好相反，
雖然也有了洋槍、洋炮和洋艦，
卻在甲午戰爭中被打回原形，暴露出虛弱不堪的本相，
「老大」帝國依然是蹣跚前行。

甲午戰爭

一八九四——一八九五

為德國「科隆」艦添加新煤後，中國「苦力」用冷水洗澡，1890—1910 年

佚名，德國威廉港市檔案館（City Archive in Wilhelmshaven, Germany）

膠州城牆邊的德國士兵，1898 年

1897 年 11 月 1 日，中國山東鉅野縣，兩名傳教的德國神甫被當地受教會欺侮的百姓殺死。
德國以此為藉口，派兵霸佔了膠州灣。

佚名，德國威廉港市檔案館（City Archive in Wilhelmshaven, Germany）

「眼前，西方應開始將其理想移植到東方，以將這兩個截然不同而相互敵視的文明日後起可怕衝突的可能降到最低。」

羅斯福（Theodore Roosevelt, 1858—1919），美國第 26 任總統

修築膠濟鐵路，1899—1904 年

1898 年，德國人通過《膠澳租借條約》獲得了在山東修築鐵路及沿線 30 里內的礦藏開採權，
開始修築通達內陸的鐵路網。1899 年膠濟鐵路開工，1904 年全線通車。
佚名，德國威廉港市檔案館（City Archive in Wilhelmshaven, Germany）

石牌坊下的德國官兵，1890—1910 年

佚名，德國威廉港市檔案館（City Archive in Wilhelmshaven, Germany）

古老城鎮，漢中，1894—1906 年

中國典型的傳統城鎮都會在城中設置鼓樓或鐘樓，

再由縱橫的街道將城鎮劃分成幾個部分。

照片中的漢中舊街，用石板和鵝卵石精心鋪設路面，兩旁的房屋緊密相連。

南懷謙神父（Father Leone Nani），
意大利米蘭宗座外方傳教會（Pontifical Institute for Foreign Missions, Milan, Italy）

鴉片煙館，青島，1890—1910 年

德國殖民青島時期，對鴉片實行高稅專賣，制定了許多限制措施。

1905 年，華商劉子山在北京街開設「立升官膏局」，

公開販賣鴉片，毒品從此在青島泛濫。

佚名，德國威廉港市檔案館（City Archive in Wilhelmshaven, Germany）

在遼東半島花園口海灘登陸的日軍，1894 年 10 月 30 日

花園口一帶沒有成形的碼頭、棧橋建築，日軍運兵船無法靠近海灘，

都是靠照片中那些小舢板將人員和物資從運輸船上轉渡上岸。

後來佔領大連灣之後，日軍就直接利用大連灣柳樹屯北洋海軍水雷營棧橋靠泊輪船，卸載物資。

佚名，陳悅提供

釜山街頭警戒的日軍，1894年8月

前排從左至右：日本步兵、朝鮮農夫、日本憲兵，

後排：隨軍的日本民夫。

日本佔領朝鮮後，隨着戰線的不斷延長，日軍的後勤運輸壓力加大。

於是日方強行抓捕徵用朝鮮人充當苦力，

而原來隨軍的日本民夫則成了看管者，

一名日本民夫監管四名朝鮮苦力。

小川一真（Ogawa Kazuma），陳悅提供

**黃土崖炮台的兩門大炮，
威海衛，1895 年 2 月**

為避開易守難攻的威海衛港，
日軍從榮成龍鬚島登陸，
從後方攻佔守護威海衛的炮台。
經過一番激戰，日本陸軍佔領南幫炮台，
並向北洋海軍開炮。
清軍在無險可守的情況下炸毀北幫炮台，
退守劉公島。

小川一真（Ogawa Kazuma），三人行老照片館提供

戴枷的囚犯，1890—1910 年

枷刑是中國古代常用的一種刑法，相對較輕。

一塊長寬各三尺、厚一寸、可以打開的木板套在犯人脖子上，所貼封條上寫着此人所犯的罪行。

枷板往往非常重，犯人戴着枷板就不能自由行動，無法自己進食，睡覺時格外難受。

佚名，德國威廉港市檔案館（City Archive in Wilhelmshaven, Germany）

枷刑，19 世紀 90 年代

佚名，怡和集團（Jardine Matheson Group）收藏

「身貴自由，國貴自主。」

嚴復（1854—1921），清末翻譯家、教育家

北京正陽門（前門），1890—1910 年

正陽門始建於明永樂十七年（公元 1419 年），原名麗正門。
因其位於紫禁城的正前方，又有「前門」之稱。
正陽門是明清兩朝北京內城的正南門，「京師九門」之一。
南面是箭樓，北面是城樓，中間是甕城，甕城上設有閘樓，
進出城門的行人走的是開在閘樓下的門洞。

佚名，德國威廉港市檔案館（City Archive in Wilhelmshaven, Germany）

身着中國傳統服裝的聖言會傳教士，青島，
19 世紀 90 年代晚期

當時山東的天主教傳教區中，
魯南教區包括兗州府、沂州府、曹州府及濟寧州，
幾乎佔了整個山東的一半，由德國聖言會管轄。

佚名，德國威廉港市檔案館（City Archive in Wilhelmshaven, Germany）

被日軍佔領的威海南幫趙北嘴炮台，1895 年 2 月 24 日

趙北嘴炮台是威海最大的炮台，設有五門大炮，這裏被中國軍隊破壞後又被日軍破壞。

圖中右邊兩門炮口徑 28 厘米，左邊口徑 24 厘米，均是克虜伯 35 倍口徑炮。

小川一真（Ogawa Kazuma），三人行老照片館提供

「欲為種族革命者，宜主專制而勿共和。欲
為政治革命者，宜以要求而勿以暴動。」

　　　　梁啟超（1873—1929），中國
　　　　政治活動家、啟蒙思想家

九龍的邊防軍，1894 年 12 月

佚名，美國坎布里奇哈佛燕京圖書館
（Harvard-Yenching Library, Cambridge, USA）

「俄之勢伸於滿洲，不妨袖手觀之，蓋日本必不甘默視此封豕長蛇之侵略者。時機既至，勢必起而相戰。兩虎爭鬥，彼此皆疲，是即可乘之會也。宜藉歐美之力以恢復之，此即以毒攻毒之妙法也。」

李鴻章（1823—1901），19世紀中國著名政治家、外交家、洋務運動主要倡導者之一

日軍登陸朝鮮，仁川，1894年6月24日

日軍混成旅團主力大島混成旅團
在朝鮮仁川登陸，
輜重和軍馬佔據了整個海灘，
大規模的增兵預示着甲午戰爭一觸即發。

樋口宰藏（Higuchi Saizo），陳悅提供

日軍在朝鮮金山城郊安葬陣亡的士兵，1894 年 8 月

小川一真（Ogawa Kazuma），陳悅提供

「日本民族的長處全在他們肯一心一意的學別人的好處，他們學了中國的無數好處，但始終不曾學我們的小腳、八股文、鴉片煙。這不夠『為中國取鏡』嗎？他們學別國的文化，無論在哪一方面，凡是學到家的，都能有創造的貢獻。」

胡適（1891—1962），中國歷史學家、哲學家

陷落的金州，1894 年 11 月 7 日

小川一真（Ogawa Kazuma），三人行老照片館提供

日本軍艦「高千穗」第三分艦隊軍官及海軍戰後合影，約 1895 年

小川一真（Ogawa Kazuma），三人行老照片館提供

被日軍襲擊後的炮台，1890—1910 年

佚名，德國威廉港市檔案館（City Archive in Wilhelmshaven, Germany）

被俘的清軍士兵，平壤，1894 年 9 月 16 日

平壤陷落後，約有 600 名在朝鮮作戰的中國軍人被俘，照片中是其中一處關押場所。

小川一真（Ogawa Kazuma），三人行老照片館提供

日軍第二軍隨軍醫院為中國戰俘治療，1895 年 1 月 6 日

小川一真（Ogawa Kazuma），三人行老照片館提供

日本軍醫治療中國戰俘，平壤

小川一真（Ogawa Kazuma），三人行老照片館提供

「目前的世界，是一個弱肉強食的戰場。強者逞暴，日甚一日，弱者的權利與自由，一天天地喪失殆盡⋯⋯假使有人重人權、尊自由，就必須速謀恢復之策。現在如不設法防止，則黃種人將永遠遭受白種人的壓迫。而這個命運的轉折點，實繫於中國的興亡盛衰。」

宮崎寅藏（1867—1896），日本政治活動家和自由民權論者

陷落後的金州，日軍護送傷員（在金州城北門內
的隨軍醫院前），1895 年 3 月 18 日

小川一真（Ogawa Kazuma），三人行老照片館提供

土門子的日軍兵站支部，旅順，1894—1895 年

小川一真（Ogawa Kazuma），三人行老照片館提供

行刑前的搶劫「南武」號輪船的海盜，香港，1891 年

清末中國與西洋各國的貿易往來空前頻繁。東南沿海一帶常有海盜為患，
與大陸相望的澳門、海南島及香港等地，更成為海盜的淵藪。
佚名，德國威廉港市檔案館（City Archive in Wilhelmshaven, Germany）

被斬首的搶劫「南武」號的海盜，香港九龍，1891 年

1890 年 12 月 10 日，德忌利輪船公司的「南武」號輪從香港啟程開往汕頭，乘客多為美國華僑。

是日下午，偽裝成乘客的海盜持械佔據了駕駛台、機房、船長室，強迫護航人員繳械。

這時海面有 6 艘海盜船接應，將財物及船上貨物運走後揚帆而去。

香港當局請求中國政府幫助緝盜，約半年後以黎亞七為首的劫「南武」號的 20 名海盜先後被捕，

並押運到九龍城斬首。

佚名，德國威廉港市檔案館（City Archive in Wilhelmshaven, Germany）

第 168—169 頁

中國戰俘在威海衛上岸，1895 年 2 月 16 日

小川一真（Ogawa Kazuma），三人行老照片館提供

日軍步兵第一聯隊第一大隊偵察隊抵達營口的外國人居住區，1895 年 3 月 6 日

1895 年 4 月 17 日，中日簽訂《馬關條約》，標誌甲午戰爭結束。

中國從朝鮮半島撤軍並承認朝鮮的「自主獨立」；

割讓台灣島及所有附屬各島嶼、澎湖列島和遼東半島給日本，

並賠償日本軍費 2 億兩，開放沙市、重慶、蘇州、杭州為商埠。

小川一真（Ogawa Kazuma），三人行老照片館提供

日軍聯合艦隊旗艦「松島號」新舊司令長官及幕僚合影，
1895 年 5 月 30 日

小川一真（Ogawa Kazuma），三人行老照片館提供

**威海衛劉公島海軍公所正門（東門），
約 1895 年**

威海劉公島是清政府北洋海軍提督署所在地，
始建於 1887 年。

小川一真（Ogawa Kazuma），三人行老照片館提供

1900 年，義和團遍地而起，震驚海內外。
那些口中喃喃有詞，手握大刀長矛，
自恃神靈附體，戰無不勝的團民，
反映了面對列強持續而來的壓迫，
民眾自然、樸素的反感與反抗。
義和團運動雖有其無可置疑的正當性與合理性，
但卻在王朝權貴和守舊官員的操弄下，
成為他們維持自身權勢和官場權謀的犧牲品。
團民的「無邊」法術和血肉之軀，
終不敵洋槍洋炮的真軍，也不能挽救中國衰亡的命運。
往前追溯五年，甲午之敗尤其是
敗於國人眼中「蕞爾小國」的日本，
使得曾經的「天朝上國」顏面掃地，
國人心理深受刺激，而日本的崛起又為國人
提供了最好的參照，維新運動因而興起。
1898 年的北京城，變法維新猶如平地而起的旋風，
攪動着無數的人心。
但是，守舊的慈禧太后為了維持個人的權力，
打壓了蓬勃而起的維新運動，
也打壓了國人曾經存有的變革希望。
當八國聯軍的鐵蹄踏入紫禁城的禁地之時，
中國過往的所有驕傲都被打碎；
當慈禧太后先是豪氣沖天向八國宣戰、
繼又因慘敗而宣示「量中華之物力，結與國之歡心」時，
清政府統治的合法性基礎亦被深深動搖。
空前屈辱的《辛丑條約》的簽訂，
昭示着中國不能再如此沉淪下去，
反清革命由此而發端。

義和團運動

「義和團是愛國者。他們愛自己的國家勝過愛別
的民族的國家。我祝願他們成功。」

馬克・吐溫（Mark Twain, 1835—1910），
美國作家、演說家

正陽門牌樓，北京，1901 年

被義和團燒毀的前門箭樓還沒有重建，
正陽門牌樓中間的牌匾也在大火中散失。
儘管城市還沒有從動亂中恢復，
但是百姓的生活似乎已經恢復如初。

伯頓・霍爾姆斯（Burton Holmes），
美國西雅圖伯頓・霍爾姆斯收藏（The Burton Holmes
Historical Collection, Seattle, USA）

八達嶺長城，1901 年

伯頓・霍爾姆斯（Burton Holmes），美國西雅圖伯頓・霍爾姆斯收藏
（The Burton Holmes Historical Collection, Seattle, USA）

第 180—181 頁

站在中式花園中的人們，
山西梅院花園，1900—1920 年

喬治・厄內斯特・莫理循（George Ernest Morrison），
澳大利亞悉尼新南威爾士州立圖書館
（The State Library of New South Wales, Sydney, Australia）

稻田、農舍和茶園，江西梅田，1902 年

利卡爾頓在日記中寫道：「梅田位於上海西南、廣州西北，距東海 700 英里。
這個山谷滿是稻田，水稻被田埂分隔開以便單獨灌溉，田邊的稀疏灌木是茶樹。
這裏，百姓比較愚昧迷信，很少有外國人敢從村莊穿過，
坐着的中國人來自稍大些的城鎮，受外國人僱傭。」

詹姆斯 • 利卡爾頓 (James Ricalton) ，美國華盛頓國會圖書館 (Library of Congress, Washington, USA)

五個男孩組成一個人型旋轉飛輪，約 1902 年

佚名

第 184—185 頁

慈禧在遊船上，北京，1905 年

1902 年慈禧太后看到俄國沙皇送來的
著色全家照後對攝影產生了興趣，
1903 年即詔駐法國公使裕庚之子勳齡進宮為自己拍照，
並時常扮作觀音菩薩，變換各種背景。
這張照片是 1905 年
她七十壽辰前再次扮作觀音於中海平底船上的化妝照。

裕勳齡，美國華盛頓史密森尼博物院，弗瑞爾博物館和賽克勒博物館
（Freer Gallery of Art and Arthur M. Sackler Gallery Archives,
Smithsonian Institution, Washington, USA）

集市上的人，青島，約 1900 年

佚名，德國不萊梅國家海事博物館
（German Maritime Museum, Bremerhaven, Germany）

雲南新軍在訓練，昆明，1903 年

「庚子事變」後，清廷推行新政，進行軍事改革。
1903 年成立總理練兵處，並令各省成立督練公所，負責訓練新軍。
這是雲南組建的十九鎮新軍在令字旗下操練隊列。

方蘇雅（Auguste François），王益羣提供

船屋停靠在金口附近的運河邊，武漢，1900 年

詹姆斯 · 利卡爾頓（James Ricalton），英國倫敦大英圖書館（British Library, London, UK）

廟會上的百姓，北京，1900 年

廟會是北京新年時節的傳統活動，來自各階層的市民一同走上街頭，為清末的北京城描繪出一幅鮮明的眾生相。

佚名，法國羅歇—維奧萊圖片社 / 東方 IC（Roger-Viollet/Imagine China）

「我堪能坦白直陳一切，因為我心目中的祖國，內省而不疚，無愧於人。我堪能暴呈她的一切困惱紛擾，因為我未嘗放棄我的希望。中國乃偉大過於她的微渺的國家，無需乎他們的粉飾。」

林語堂（1895—1976），中國當代著名學者、文學家

放牛娃，1900 年

方蘇雅（Auguste François），王益羣提供

在稻田中抽袋煙的農夫，廣州，1900 年

中國傳統的主要糧食是稻穀和麥子。

1900 年後，隨着人口的增加，人均田地面積逐漸減少，

為解決饑荒問題，種植作物類型有了變化，

引進擴種粗糧品種如番薯、玉米等滿足食物需求。

佚名，美國華盛頓史密森尼博物院貝林中心，
國立美國歷史博物館檔案中心 （Archives Center, National Museum of American History, Behring Center, Smithsonian Institution, Washington, USA ）

行進中的刑部人員，約 1900 年

方蘇雅（Auguste François），王益羣提供

因責打妻子而受罰的丈夫，約 1900 年

直到晚清時期，傳統的中國家庭中，
家長仍擁有最高權威，有權實施家法。
舊的司法制度在夫妻紛爭方面，對妻子的處罰比丈夫更重。
而在晚清和早期共和時代的新法典中，
則已承認個人不可剝奪的權利以及男女平等，
家族社會的古老司法基礎逐漸瓦解。

H. C. 懷特公司（H. C. White Company），華蓋創意（Getty Images）

「西方有位聖人耶穌，他的死難之地耶路撒冷成為基督教的聖城，神聖不可侵犯！我國亦有聖人孔子，就連日本也承認他是聖人，山東正是孔子的故鄉，因此也是我們中國人的聖地，自然也不容侵犯！」

顧維鈞（1888—1985），中國外交家

在紫竹林教堂避難的神父和中國教民，天津，1900 年

義和團運動中，除了外國人，更多被義和團追殺的
是被稱為「二毛子」的中國教民或使用洋貨的中國人。
為了躲避戰禍，很多人都逃往使館和教堂尋求庇護，
北京的英國使館、西什庫教堂以及照片中
天津的紫竹林教堂都收留了前來避難的民眾。

詹姆斯・利卡爾頓（James Ricalton），英國倫敦大英圖書館（British Library, London, UK）

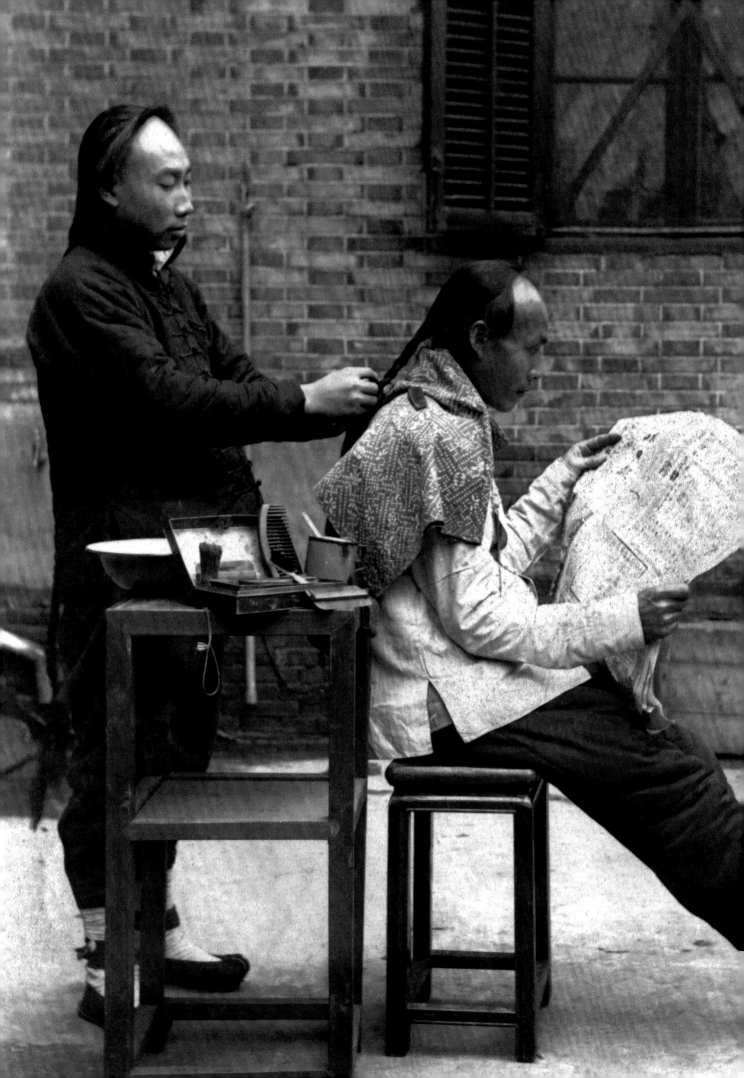

街邊梳頭攤，1900—1910 年

清朝推行滿人的結辮方式 —— 即「半薙半留」的薙髮制度。
1645 年，順治發佈上諭，宣佈：「今者天下一家，豈容違異？自
今以後，京師內外，限旬日盡令薙髮。」

施塔福（Francis Eugene Stafford），上海市歷史博物館

北洋新軍中的淮軍，裝備了當時最先進的德國毛瑟槍，1903 年

中國近代的現代化陸軍籌建於 1894 年，
駐屯小站，以西法訓練，稱「定武軍」。
1903 年，設中央練兵處，由袁世凱具體操辦。
民國時，袁世凱籌辦的新式陸軍稱「北洋新軍」，
主要由北洋武備學堂畢業生和淮軍舊部組成。
其中淮軍的軍裝仍沿用從前，士兵要纏頭，以包裹辮子。

佚名，秦風老照片館

滇越鐵路施工現場，1904—1910 年

1903 年，法國與清政府簽訂了《滇越鐵路章程》，
取得滇越鐵路的修築權，鐵路的經營管理、客貨運輸等權益，一概歸法國滇越鐵路公司。
1904 年開始興建，1910 年竣工通車。自鐵路建成後，雲南全省商務為法國人所掌控。
方蘇雅（Auguste François），王益羣提供

集市，昆明，1899 年

圖中白塔（現已毀）
位於雲南府城東 1 公里處，
是當時拓東路上的標誌性建築之一。
右邊的建築是古真武祠，
為舊「漢營」，
相傳是諸葛孔明南征時屯軍之所，
唐代建拓東城，
因此，祠內有諸葛亮石刻像。
方蘇雅（Auguste François），王益羣提供

夏日，約 1910 年

夏季最炎熱的幾個月裏，
富有的外商家庭常到
風景優美的山上野餐。
他們最喜歡距上海
200 公里的莫干山，
但最常去的是離城較近的
蘇州河南岸。
在那裏，他們可以進行各種野遊，
平和的當地人使打獵成為
歐洲人真正的快樂。
佚名，怡和集團（Jardine Matheson Group）
收藏

· 199 ·

法國使館公使賈思納（前左四）與中國紳士及在華傳教士合影，北京，1902 年

賈思納（Maurice Casenave）1902 年被任命為法國使館頭等參贊署理公使，後為法國東方匯理銀行代表。

喬治・厄內斯特・莫理循（George Ernest Morrison），澳大利亞悉尼新南威爾士州立圖書館（The State Library of New South Wales, Sydney, Australia）

德國部隊架設大炮，青島，約 1900 年

1897 年，德國派兵強佔青島後，對青島進行軍事殖民統治，「一戰」爆發後，日本取代德國侵佔青島。

佚名，德國不萊梅國家海事博物館（German Maritime Museum, Bremerhaven, Germany）

「你可騙所有人民於一時；騙部分人民於永遠；但你不能永遠欺騙全體人民。」

林肯（Abraham Lincoln, 1809—1865），美國第 16 任總統

為中緬邊界委員會表演節目的中國戲班子，雲南，1899 年

1885 年，英國佔領與中國雲南接壤的緬甸。就邊界問題，中英先後於 1894 年簽
訂《中英倫敦條約》、1897 年簽訂《續議緬甸條約》。

詹姆士・喬治・斯科特（James George Scott），中國國家圖書館提供

中緬邊界委員會中英方成員，雲南，1898—1899 年

1898—1900 年間，為達成協議，中英沿雲南西部邊界進行勘界工作。
劃定了北段自尖高山向南至南定河、南段自南卡江至瀾滄江的兩段邊界，
中緬（英）南段邊界大走向基本定型。

詹姆士・喬治・斯科特（James George Scott），中國國家圖書館提供

強盜頭子托克坦台吉（音譯，左坐者），1900—1910 年

喬治・厄內斯特・莫理循（George Ernest Morrison）

第 206—207 頁

蒙古族武裝，1900—1910 年

喬治・厄內斯特・莫理循（George Ernest Morrison），
澳大利亞悉尼新南威爾士州立圖書館（The State Library of New South Wales, Sydney, Australia）

兩人推拉獨輪車，青島，約 1900 年

獨輪車是當時最常見的載貨載人工具。

佚名，德國不萊梅國家海事博物館（German Maritime Museum, Bremerhaven, Germany）

中國婦女與德國士兵合照，青島，1900 年

佚名，德國不萊梅國家海事博物館（German Maritime Museum, Bremerhaven, Germany）

「昆明教案」中被燒毀的天主教堂，1900 年

1900 年，義和團運動高漲。法國駐雲南府總領事方蘇雅以自衛為名，
攜四十餘馱軍械至昆明，被南關釐金局扣押。
方蘇雅親率數十人以武力威脅將槍彈搶回，藏於平政街天主教教堂內。
昆明民眾義憤填膺，包圍領事府，搗毀了部分天主教堂及傳教士的住宅。
方蘇雅（Auguste François），王益羣提供

武裝起來的法國人，約 1900 年

得知民眾將發起攻擊的消息，昆明的法國人及幾位英國牧師
聚集在方蘇雅的法國領事署內。
方蘇雅用搶回的步槍武裝他們，並對傳教士進行臨時軍事訓練。
方蘇雅（Auguste François），王益羣提供

「當董福祥率領的回教徒們（指清廷『甘軍』）從上方的窗戶裏透越濃煙，猛烈開火的時候，怒吼聲淹沒了持續的槍聲。」

傅勒銘（Peter Fleming, 1907─1971），英國駐華記者、作家

日本兵押送俘虜，1900 年

佚名

日軍與都統衙門巡捕對被逮捕的義和團團民集中行刑，1900 年

八國聯軍佔領天津、北京後，均成立了類似警察職能的機構「都統衙門」，
旁邊站立的中國人便是都統衙門的巡捕。

佚名

被美國第六騎兵隊抓獲的義和團成員，天津，1900 年

詹姆斯・利卡爾頓（James Ricalton），英國倫敦大英圖書館（British Library, London, UK）

站籠，上海，1900 年

這是眾多殘酷刑罰中的一種，被關的死刑犯脖子被枷板夾住，
腳下墊的幾塊平石頭，會逐漸被抽走直到雙腳騰空。

詹姆斯・利卡爾頓（James Ricalton），英國倫敦大英圖書館（British Library, London, UK）

「以西方之學習，灌輸於中國，使中國趨於文明富強之境。」

容閎（1828—1912），中國近代早期改良主義者、「中國留學生之父」

列隊的小學生，約 1900 年

古代中國女性沒有受教育的權利，
有條件的男童可以從小在私塾或蒙學堂學習四書五經。
教育方式隨着時代的發展而進步，到 20 世紀初，
在一些響應政府教育改革而建立起來的新式小學校，
學生們開始上體育課，只是享受這種進步的依然只限於男孩。
佚名，法國羅歇—維奧萊圖片社 / 東方 IC（Roger-Viollet/Imagine China）

前門箭樓着火，北京，1900 年

6 月 16 日，義和團在前門附近的大柵欄，放火燒了老德記洋貨鋪和屈臣氏洋藥店，結果大火乘風勢迅速蔓延，燒掉了附近鋪戶 1800 餘家，民居 7000 餘間，大柵欄商業區被焚。

佚名，澳大利亞堪培拉澳大利亞國家圖書館（National Library of Australia, Canberra, Australia）

被義和團圍困期間的英國公使館一等秘書官邸，北京，1900 年

1860 年，
清政府與英法簽署《北京條約》
允許在北京設立公使館。
1861 年，英法兩國公使進入北京
在距紫禁城僅千餘米的
東交民巷率先設立公使館。
之後，俄、日、美等國
也相繼在這裏開館。

佚名，倫敦傳道會／世界傳道會，倫敦大學亞非學院（London Missionary Society / Council for World Mission Archives, SOAS, London, UK）

英國公使館（原淳親王府）人員在院牆上架設大炮以抵禦清軍的炮火攻擊，北京，1900 年

這門大炮是被圍困的使館內唯一的重武器，
炮車是意大利的，炮身是德國的，彈藥是俄國的，因此，這門大炮被戲稱為「國際號」。

凱利牧師（Rev. C. A. Killie），倫敦傳道會／世界傳道會，
倫敦大學亞非學院（London Missionary Society / Council for World Mission Archives, SOAS, London, UK）

法租界的激戰，天津，1900 年

天津火車站和法國領館中間的這個街區是義和團運動中
天津城內交戰最激烈的地方，幾乎每座建築都被火燒過，被炮彈擊中過。

詹姆斯・利卡爾頓（James Ricalton），安德伍德立體照片公司／卡彼斯圖片社
（Underwood & Underwood/CORBIS）

白河上的帆船隊將美軍物資從天津運送至北京，1900 年

天津的戰鬥已經結束，八國聯軍繼續向北京進發。

美軍租用帆船運送軍事物資。

這些帆船是當地的平底船，吃水只有 2—3 英尺，

上面裝滿軍用物資，每隻船上有 5—6 個船夫，

由 1 名士兵負責。到達通州需要 5—6 天。

詹姆斯・利卡爾頓（James Ricalton），英國倫敦大英圖書館（British Library, London, UK）

英公使竇納樂爵士與英國海軍陸戰隊隊員及其他使館守衛者在使館解圍後合影，1900 年

與北京使館區被圍、慈禧太后向列強宣戰的同時，八國聯軍曾兩度北上試圖解使館之圍。

第一次由西摩爾將軍統領的聯軍折損而回。

第二次由阿爾弗雷德・蓋斯利將軍統領的聯軍於 8 月 14 日攻佔北京。

佚名，澳大利亞悉尼新南威爾士州立圖書館（The State Library of New South Wales, Sydney, Australia）

「外國人在中國，慣於教訓中國人，説他們何時應建築鐵路，何時應安設電線；而且，事實是他們企圖管理中國的一切事務。這一個條約，宣佈這一切要求，概歸無效。這條約特別指出，中國人欲於何時進行改革，完全由他們自己來決定……我很驕傲，這個國家（指美國）訂立了這樣的一個條約，這條約的每一字句，都是為着中國的利益。」

蒲安臣（Anson Burlingame, 1820—1870），美國政治家、外交家

被義和團燒毀的東交民巷，北京，1900 年

義和團在北京攻打教堂與使館，燒毀洋宅 134 所，教堂 18 座，施藥房 12 所，醫院 8 座，殺死很多傳教士和教民。

佚名

「歷史上沒有哪一年能像 1900 年對於中國那樣具有分水嶺般的決定性意義。」

芮瑪麗（Mary Wright， 1917—1970），美國著名漢學家

被捕的義和團成員，北京，約 1900 年

佚名，美國華盛頓國會圖書館（Library of Congress, Washington, USA）

義和團起義期間，天津北塘，約 1900 年

佚名，德國威廉港市檔案館（City Archive in Wilhelmshaven, Germany）

東交民巷裏俄國官兵設置的路障，北京，1900 年

6 月 10 日，北京的使館對外通訊斷絕，東交民巷各使館築起防禦工事，
由寶納樂爵士負責指揮抵抗，使館區內約 3000 人被圍，其中約有 450 名外國水兵及陸戰隊員、
475 名平民（包括 12 名外國公使）、2300 名中國基督徒和約 50 名僕人。
翟蘭思（Lancelot Giles），澳大利亞堪培拉澳大利亞國家圖書館（National Library of Australia, Canberra, Australia）

「（我們）作出努力，挽救著名的《永樂大典》，但是大量的書卷已被破
壞，所以這一願望只好放棄。」

　　　　　翟蘭思（Lancelot Giles, 1878—1934），英國領事官

街壘後的奧匈帝國水兵，1900 年

翟蘭思（Lancelot Giles），澳大利亞堪培拉澳大利亞國家圖書館（National Library of Australia, Canberra, Australia）

第 227 頁

甘軍士兵，北京，1900 年

1898 年，董福祥（1839—1908）率領的甘軍奉旨移防北京，
在兩年後的義和團運動中充當攻打教堂、圍攻使館的主力，
甘軍中的很多士兵受義和團的影響而成為拳民。

翟蘭思（Lancelot Giles），澳大利亞堪培拉澳大利亞國家圖書館（National Library of Australia, Canberra, Australia）

大火之後的翰林院內，1900 年

翰林院，清代為國家儲備人才的機關，內藏卷帙浩繁的各類古版善本，
《永樂大典》和《四庫全書》的底本就珍藏於此。

6 月 21 日，清政府對外宣戰，義和團和清軍開始圍攻使館（及西什庫教堂）。

6 月 23 日，甘軍首領董福祥的部隊在翰林院點火，數千萬卷古籍善本在大火中被焚毀。

翟蘭思（Lancelot Giles），澳大利亞堪培拉澳大利亞國家圖書館（National Library of Australia, Canberra, Australia）

使館被圍期間往返天津的 14 歲送信小童，1900 年

翟蘭思（Lancelot Giles），澳大利亞堪培拉澳大利亞國家圖書館（National Library of Australia, Canberra, Australia）

清軍騎兵，1900 年

5 月 31 日，第一批使館衛隊進駐使館區；

4 天後，清政府才決定向大隊義和團打開城門；

6 月 4 日，拳民始由哈德門（今崇文門）進城。

翟蘭思（Lancelot Giles），澳大利亞堪培拉澳大利亞國家圖書館（National Library of Australia, Canberra, Australia）

被圍困在英國使館裏的人，北京，1900 年

使館區被圍困，各國使館的工作人員及家屬紛紛集中到英國使館內，
那裏有足夠的房間，也更易於防守。使館內的小亭子成了發佈消息的
地方，大家把各種信息張貼在亭子周圍的佈告板上。

凱利牧師（Rev. C. A. Killie），澳大利亞堪培拉澳大利亞國家圖書館（National Library of Australia, Canberra, Australia）

《辛丑條約》簽字現場，北京，1901 年 9 月 7 日

德、英、法、俄、美、日、意、奧、荷、西、比十一國公使和清政府代表在西班牙使館內簽署了《辛丑條約》。照片中圍桌而坐
者，從左至右分別為荷蘭公使克羅伯（F. M. Knobel）、日本公使小村壽太郎、意大利公使薩爾瓦多・拉吉（Marquis J. Saloago

1. 休戰旗下，1900 年
2. 天安門前閱兵的八國聯軍統帥瓦德西，1900 年
3. 禮兵行歡迎禮，迎慶親王奕劻簽訂《辛丑條約》，1901 年
4. 法國禮兵恭迎慶親王奕劻，1901 年
5. 條約簽訂後，返程中，1901 年

佚名，澳大利亞國立大學圖書館（The Australian National University Library, Canberra, Australia）

「中國的外交，從巴黎和會以來，我經手的就很多。所犯的毛病，就是大家亂要價錢，不願意吃明虧，結果吃暗虧；不願意吃小虧，結果吃大虧。」

顧維鈞（1888—1985），中國外交家

Reggi）、比利時公使姚士登（M. N. Joostens）、奧匈帝國公使齊干（Baron M. C. de Wallton）、西班牙公使葛絡干（Don B. J. de Cologan）、俄國公使格爾斯（M. de Giers）、德國公使穆莫（Dr. Von Mumm）、英國公使薩道義（Sir E. Satow）、美國公使柔克義（William Woodville Rockhill）、法國公使鮑渥（Paul Beau）、聯芳、李鴻章、慶親王奕劻。

佚名，澳大利亞國立大學圖書館（The Australian National University Library, Canberra, Australia）

慈禧太后在頤和園仁壽殿前乘輿照，1903—1905 年

前為總管太監李蓮英（右）、崔玉貴（左）。

裕勳齡，美國華盛頓史密森尼博物院，弗瑞爾博物館和賽克勒博物館
（Freer Gallery of Art and Arthur M. Sackler Gallery Archives,
Smithsonian Institution, Washington, USA）

第 233 頁

紫禁城內的八國聯軍美軍士兵，約 1900—1901 年

佚名，美國華盛頓史密森尼博物院貝林中心，國立美國歷史博物館檔案中心
（Archives Center, National Museum of American History,
Behring Center, Smithsonian Institution, Washington, USA）

晚清士人，1900—1910 年

喬治 • 厄內斯特 • 莫理循（George Ernest Morrison）

劍橋大學中文學生翻譯，1900 年

1899 年 7 月，翟蘭思（第一排右二）作為劍橋大學中文學生翻譯
被派往北京任英國駐華領事，開始長達 35 年在中國的外交領事生涯。

佚名，澳大利亞國立大學圖書館（The Australian National University Library, Canberra,
Australia）

使館解圍以後翻譯學員中的幸存者，約 1902 年

第二排右一為翟蘭思。

佚名，澳大利亞國立大學圖書館（The Australian National University Library,
Canberra, Australia）

英國公使館的英國軍官，北京，1900年

坐在左邊的是 1900 年 8 月入侵北京的聯軍指揮官阿爾弗雷德・蓋斯利將軍。

佚名，中國國家圖書館提供

「中國文武制度，事事遠出西人之上，獨火器萬不能及。」

李鴻章（1823—1901），19 世紀中國著名政治家、外交家、洋務運動主要倡導者之一

前去談判的李鴻章，北京，1900 年

李鴻章稱自己為「大清朝的裱糊匠」，在八國聯軍佔領北京後，他被清政府委任為「欽差大臣便宜行事」與各國談判。

這是李鴻章剛抵達英國使館的情景，迎接他的是英國遠征軍司令阿爾弗雷德・蓋斯利將軍（右二）。

佚名，中國國家圖書館提供

德國遠征軍自中國返回，於輕巡洋艦威廉皇太子號
（Kaiser Wilhelm）上合影，1902 年

佚名，德國不萊梅國家海事博物館
（German Maritime Museum, Bremerhaven, Germany）

「就像數千年前埃策爾國王麾下的匈奴人在流傳迄今的傳說中依然聲威
赫赫一樣，德國的聲威也應當廣佈中國，以至於再不會有哪一個中國
人敢於對德國人側目而視。」

德皇威廉二世（Kaiser Wilhelm II, 1859—1941）

載灃赴德賠罪途中，香港，1901 年

因為德國公使克林德（Klemens Freiherr von Ketteler，1853—
1900）在義和團運動中被害，在德國遠征軍司令瓦德西的要求下，
清廷委任光緒帝的弟弟醇親王載灃（1883—1951）
為「頭等專使大臣」赴德賠罪，途經香港時拍下這張合影。
中坐者為載灃，左數第五人為副都統蔭昌（1859—1934），
右數第四人為內閣大學士張翼。
佚名，北京故宮博物院

八國聯軍總司令瓦德西
由聯軍軍官陪同，
率軍穿過午門進入紫禁城，
1900 年

瓦德西曾任德國總參謀長，
晉升陸軍元帥。
1900 年 8 月，任八國聯軍總司令，
並於 10 月 17 日抵達北京，
進入紫禁城並住入慈禧的儀鑾殿。

詹姆斯·利卡爾頓（James Ricalton），
美國華盛頓史密森尼博物院貝林中心，
國立美國歷史博物館檔案中心
（Archives Center, National Museum
of American History, Behring Center,
Smithsonian
Institution, Washington, USA）

故宮裏行進的美國軍隊，北京，1900 年

八國聯軍佔領北京城後，北京城被劃分為數個區域，交由各參戰國家管理。為了表示「尊重皇室」，
紫禁城內並未駐軍，但是美國軍隊駐守在紫禁城的午門外，日本軍隊駐守東華門、西華門和神武門。

佚名，貝特曼圖片資料館／卡彼斯圖片社（Bettmann/CORBIS）

英領印度軍隊，第一批錫克士兵，北京，1900 年

八國聯軍進攻北京時，3000 名英軍大多是錫克人。纏頭巾是印度錫克人的風俗，
也是他們的教規，多半是大紅色，高而臃腫。

佚名，美國華盛頓國家檔案館
（National Archives and Records Administration, Washington, USA）

清軍砍殺義和團成員，1900 年

佚名，赫爾頓圖片檔案館／華蓋創意（Hulton Archive/Getty Images）

1905 年 1 月，歷經數月的圍攻和慘烈的交戰，
日軍攻下中國東北的俄國領地 —— 旅順口，
獲得對俄戰爭的重大勝利。
而日軍的勝利歡呼，正反襯出中國的尷尬難堪。
日本和俄國都是中國的近鄰，
均是恃強而立的強權國家，
企望在曾經的「老大」清帝國衰落之際，
從她那裏為自己盡可能多分一杯羹。
日本和俄國對中國東北的爭奪，引發了日俄戰爭。
可悲的是，這場戰爭在中國的領土上進行，
民眾直接受到戰爭的侵害，而當政者卻對此無計可施，
只能宣佈「中立」，成為無奈的「旁觀者」，
任由戰火蹂躪家園。
戰爭結束之際，日本享受着戰爭「勝利的果實」，
豪取巧奪了中國的利益，中國卻成為爭奪的犧牲者，
國際政治向來是如此冷酷無情。
日俄戰爭進一步推動了中國近代民族主義浪潮的興起，
激起了國人對清政府無所作為的憤怒，
為推倒清王朝的辛亥革命作了有力的鋪墊。

一九〇四—一九〇五

日俄戰爭

北洋軍軍官，陝西，1904—1914 年

南懷謙神父（Father Leone Nani），意大利米蘭宗座外方傳教會（Pontifical Institute for Foreign Missions, Milan, Italy）

第 244—245 頁

訓練中的「維新軍」，加州鷹岩（Eagle Rock, CA），1904—1905 年

1899 年，康有為在美國成立「保救大清光緒皇帝會」，
簡稱「保皇會」，親任總會長，梁啟超任副會長。
美國人荷馬李（Homer Lea, 1876—1912）
支持康梁保皇活動，被康有為封為「大將軍」。
1904 年 11 月，荷馬李在洛杉磯成立了「西方軍事學校」，
為康有為、梁啟超保皇黨的「維新軍」提供軍事訓練。
佚名，美國斯坦福大學胡佛研究所
（Hoover Institution Archives, Stanford University, Stanford, USA）

荷馬李在洛杉磯招募的華人組成的「維新軍」，全副美國武器裝備，1904—1905 年

佚名，美國斯坦福大學胡佛研究所（Hoover Institution Archives, Stanford University, Stanford, USA）

裝束整齊的士兵及軍官合影，1906—1912 年

米歇爾・梅納德（Michel de Maynard），美國洛杉磯蓋蒂研究中心
（Getty Research Institute, Los Angeles, USA）

手持龍紋令牌的清軍合影，1906—1912 年

米歇爾・梅納德（Michel de Maynard），美國洛杉磯蓋蒂研究中心
（Getty Research Institute, Los Angeles, USA）

湖北新軍將官和當地官員合影，武昌，1906 年

拍攝於蛇山奧略樓附近。

前排左一為湖北陸軍小學總辦寶瑛，左二為湖北巡警道馮啟鈞，

左四為湖北提督張彪，左五為北洋新軍練兵處章通駿，左六為北洋新軍練兵處總辦副參贊唐在禮，

左七為湖北鹽法道馮汝騤，左八為第二十一混成協協統黎元洪，左九為宜昌知府齊耀珊。

佚名，上海市歷史博物館

長江風光，上海，1906—1907 年

喬治・沃倫・斯威爾（G. Warren Swire），英國倫敦傳道會 / 世界傳道道會檔案館，倫敦大學亞非學院
（London Missionary Society / Council for World Mission Archives, SOAS, London, UK）

第二次中亞探險途中，斯坦因的僱工穿過沙漠後在克里雅河第一次喝水，1907 年

奧萊爾・斯坦因爵士（Sir Aurel Stein），中國國家圖書館提供

斯坦因和助手在尼雅河遺址，1906 年

斯坦因第二次中亞探險除重訪和闐和尼雅遺址外，還發掘了古樓蘭遺址，
並深入河西走廊，在敦煌附近長城沿線掘得大量漢簡，又走訪莫高窟，
拍攝洞窟壁畫，利用王道士，廉價騙購藏經洞出土敦煌寫本二十四箱，絹畫和絲織品等五箱。

奧萊爾・斯坦因爵士（Sir Aurel Stein），中國國家圖書館提供

鋪設電車軌道，上海，1907 年

英商上海電車公司僱傭的工人在南京路上鋪設電車軌道。
這是上海第一條有軌電車線路，從靜安寺鋪設至上海總會，沿線為主要商業街，
全長 6.04 千米，主要的站點設在上海總會。

佚名，上海市檔案館

地方武裝，山東，1906—1912 年

米歇爾・梅納德（Michel de Maynard），
美國洛杉磯蓋蒂研究中心
（Getty Research Institute, Los Angeles, USA）

華興會部分成員合影，
東京，1905 年

華興會是 1904 年在長沙成立的
反清革命團體，
1904 年 11 月起義流產，
主要成員流亡日本，
後華興會多數成員加入同盟會。
照片中前排左一為黃興，
左三為胡瑛，左四為宋教仁，
左五柳大任（又名揚谷），
後排左一為章士釗，左四劉揆一。
佚名，華蓋創意（Getty Images）

福州郵政局「大清郵差」合影，
約 1906 年

1896 年 3 月 20 日，
總理衙門正式任命赫德為總郵政司，
創辦「大清郵政」。
隨即，海關總稅務司署通令各關建立
「大清郵政局」。
閩海關於 1897 年 2 月 20 日
在福州成立大清郵政局福州總局
並對外營業。
佚名，美國坎布里奇哈佛燕京圖書館
（Harvard-Yenching Library, Cambridge,
USA）

第 258—259 頁

公立學堂運動會，桂林，1905 年

1905 年，廣西桂林公立學堂舉行運動會，左邊是省府大小官員，中、右是洋學堂的學生。
滿清官員的補服與學生的西式制服左右分立，正是新舊交替變革時期的縮影。

喬治・厄內斯特・莫理循（George Ernest Morrison），澳大利亞悉尼新南威爾士州立圖書館（The State
Library of New South Wales, Sydney, Australia）

大連旅順港的俄軍戰俘，1905 年

佚名，美國華盛頓史密森尼博物院貝林中心，國立美國歷史博物館檔案中心
（Archives Center, National Museum of American History,
Behring Center, Smithsonian Institution, Washington, USA）

日艦持續壓迫俄艦的航道，1905 年 5 月

在頭幾波攻擊之後，日艦再使用穿甲彈，
集中炮擊三行俄艦排頭的「蘇沃洛夫」、
「奧勒爾」、「波羅丁諾」等三艘主力戰
列艦，負傷的艦隊司令羅日傑斯特和艦上
官兵迅速移至「烏伊魯」號驅逐艦上。
接著，發炮極為準確的日艦積極尋找目標，
俄艦一艘艘地被擊沉海底，
最終，旗艦「蘇沃洛夫」號在兩次魚雷齊
發後沉沒。

佚名，秦風老照片館

**日軍近衛師團穿過高原逼近遼陽東南地帶，
1904 年 6 月**

為解旅順之圍，俄軍南滿支隊主力西伯利
亞第一軍南下救援，卻遭日軍第二師團北
上迎擊，被擊敗於得利寺（今瓦房店市）。
此外，日軍獨立第 10 師在遼東半島大孤山
登陸，以策應第一、第二軍的行動。7 月，
該獨立師擴編成第四軍，連續佔領了析木
城和海城。8 月，第一、第二和第四集團軍
對遼陽形成包圍之勢。

佚名，秦風老照片館

俄軍戰壕內堆滿的日軍屍體，旅順，1904 年 11 月

在松樹山炮台附近俄軍防線的最前沿，
幾小時前還在衝鋒的日軍變成戰壕裏堆積的屍體。這裏，子彈一度讓位於刺刀。
據統計，日俄戰爭中沒有一名日軍成為俘虜，他們不是戰死就是自殺。

詹姆斯・利卡爾頓（James Ricalton），美國華盛頓國會圖書館（Library of Congress, Washington, USA）

等待登船的日軍傷兵及俄軍戰俘，1904 年 12 月

佚名，日本共同通訊社（Kyodo News, Japan）

日俄戰爭爆發後，日本第一軍由朝鮮鎮南浦登陸，1904 年 3 月

佚名，秦風老照片館

日軍在戰壕中，東雞冠山北堡壘，1904—1905年

1898年3月，沙俄侵佔旅順後修建的東部防線中一座重要的功守兼備的堡壘，
是日俄戰爭中雙方爭奪的重要戰場之一。1904年日俄戰爭中，日軍為攻此堡壘，曾傷亡900多人。

佚名，日本共同通訊社（Kyodo News, Japan）

日軍軍官慰問東龍頭醫院，1904年9月7日

佚名，日本共同通訊社（Kyodo News, Japan）

東雞冠山俄軍堡壘被日軍炮火擊中，1904 年 11 月 26 日

佚名，日本共同通訊社（Kyodo News, Japan）

「這一年是日俄戰爭的第一年（1904年）。上海的報紙每天登着很詳細的戰爭新聞，愛看報的少年學生都感覺絕大的興奮，這時候的中國的輿論和民眾心理都表同情於日本，都痛恨俄國，又都痛恨清政府的宣告中立。」

胡適（1891—1962），中國歷史學家、哲學家

日軍軍官目擊俄軍艦被擊沉場面，大連旅順港，1905年

佚名，美國西雅圖伯頓‧霍爾姆斯收藏（The Burton Holmes Historical Collection, Seattle, USA）

港灣中沉沒的俄軍艦隊，旅順，1904 年 12 月

在旅順攻圍戰結束後，日軍佔據了港口西北的高地，出海口有東鄉平八郎率領的日軍艦隊把守，
停靠在旅順港內的俄國太平洋第一艦隊成為活靶子，巴拉達號（Pallada）和波必達號（Pobieda）都被擊沉了。
此役奠定了日俄戰爭中日本的勝利。

詹姆斯·利卡爾頓（James Ricalton），美國西雅圖伯頓·霍爾姆斯收藏（The Burton Holmes Historical Collection, Seattle, USA）

戰勝的日軍強徵中國百姓用牛車運送俄軍戰俘與傷員，1905 年

佚名，秦風老照片館

二龍山炮台正面斜坡被突破的地方，1904 年 10 月 18 日

二龍山堡壘是清政府於甲午戰爭前所建，先後經歷了中日甲午戰爭和日俄戰爭的戰火。

1904 年日俄戰爭中，俄軍將堡壘面積擴大為 3 萬平方米，備 50 門炮，由沙俄一個加強營駐守。

喬治・厄內斯特・莫理循（George Ernest Morrison）

俄軍在戰場上的葬禮，旅順，1904 年 11 月

手持香爐的神父和捧着祈禱書的助手正在舉行宗教儀式，讓這些死去的俄國士兵的靈魂得到平靜與安息。
屍體旁邊是挖好的大坑，簡單地安葬陣亡者。

日俄戰爭中，雙方都傷亡巨大，據攝影師描述，這些屍體只是一部分，鏡頭外還有三倍於此的屍體亟需埋葬。

詹姆斯・利卡爾頓（James Ricalton），美國西雅圖伯頓・霍爾姆斯收藏（The Burton Holmes Historical Collection, Seattle, USA）

日第三軍司令乃木希典（第二排左二）接受
沙俄旅順要塞司令斯特塞爾（第二排右二）的投降後，
雙方人員合影，1905 年 4 月 5 日

旅順戰役結束後，在圍城五個月的戰鬥中，日軍先後投入的總兵力達 13 萬人，
傷亡竟高達 5.9 萬人，俄軍傷亡 2.8 萬人，被俘 2.2 萬人。

佚名，秦風老照片館

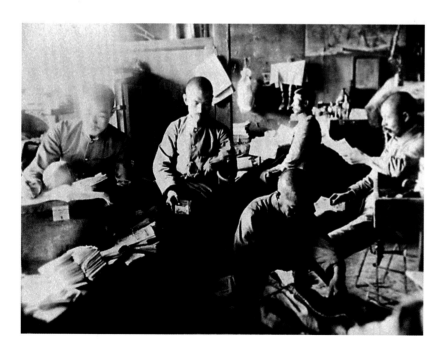

日軍在周家屯的戰地郵局內，1904 年 9 月 26 日

佚名，日本共同通訊社（Kyodo News, Japan）

沙俄佔領下的大連市大興土木，呈現西方城市的面貌，1904 年

大批中國勞工被強徵從事無償的建築工作，以興建沙俄在遠東的出海港口城市。

佚名，秦風老照片館

第 272—273 頁

日俄戰爭期間，佔領東北的俄國軍隊將領與中國少年合影，1904 年

喬治・厄內斯特・莫理循（George Ernest Morrison），澳大利亞悉尼新南威爾士州
立圖書館（The State Library of New South Wales, Sydney, Australia）

人們在收割小麥，捆紮成束，1906—1912 年

米歇爾・梅納德（Michel de Maynard），美國洛杉磯蓋蒂研究中心（Getty Research Institute, Los Angeles, USA）

新軍官兵，1906—1912 年

米歇爾 · 梅納德（Michel de Maynard），美國洛杉磯蓋蒂研究中心
（Getty Research Institute, Los Angeles, USA）

清每年運京大米 100 萬擔，供滿漢官員作祿米，戶部專設倉場衙門，1905 年

佚名，陳申提供

佔領中國東北的俄軍，約 1904 年

喬治‧厄內斯特‧莫理循（George Ernest Morrison），澳大利亞悉尼新南威爾士
州立圖書館（The State Library of New South Wales, Sydney, Australia）

戰壕裏的日軍，大連旅順港，1905 年

佚名，美國西雅圖伯頓‧霍爾姆斯收藏
（The Burton Holmes Historical Collection, Seattle, USA）

日軍軍官慶祝擊敗俄軍軍艦，1905 年

前排左五為日軍統帥乃木希典。

佚名，美國西雅圖伯頓・霍爾姆斯收藏
（The Burton Holmes Historical Collection,
Seattle, USA）

日軍遠征軍代表小泉參謀長與俄軍守備司令官利雅布諾夫談判，
庫頁島，1905 年

日俄戰爭中，日本打敗沙俄，並完全佔領了庫頁島。

根據日俄《樸茨茅斯和約》，

俄國需割讓本島北緯 50 度以南的領土與日本。

日本隨後即在割讓地設立樺太民政署。

然而，庫頁島實際上是清政府割讓與俄國的領土。

佚名，秦風老照片館

日軍步兵二十一連隊二十三大隊將校，1904 年 9 月 21 日

佚名，日本共同通訊社（Kyodo News, Japan）

1911 年 10 月 10 日夜，湖北武昌，

新軍工程第八營打響了辛亥革命的第一槍，

顢頇的清政府官吏望風而逃。

次日清晨的武昌城頭，象徵革命的十八星旗迎風招展，

革命黨人多年的奮鬥犧牲，終於開花結果，

「精神栩栩下大荒，功名赫赫披武昌」。

曾經是清政府寄望用來維持統治的新軍，卻成為清王朝的掘墓人，

因為清政府已經徹底失去了民眾的信任。

即便是實行了「新政」改革，清政府也難以挽回其低落的聲望。

改革中的猶豫不決、左顧右盼、出爾反爾、與民爭利等，

更使其失去士紳階層應有的支持。

上下脫節，缺少共識，使新政改革步履蹣跚，難有成功之望。

激情激進的革命代替溫和溫情的改良，

成為國人挽救危難的新期盼。

孫中山為代表的革命黨人，以其嶄新的革命綱領，

引領着社會的潮流；以其富於激情的宣傳，鼓動着社會的人心；

以其持續不斷的起義和犧牲，衝擊着社會的神經。

終於，貌似堅固的清王朝統治被搖動了。

1911 年武昌起義的槍聲，便以其看似偶然的方式，

順理成章地拉開了清王朝敗亡的序幕，

中國歷史由此開始了新的篇章。

武昌起義

水井邊的人，1910—1912 年

利奧・格瑞斯（Léon Gires），法國巴黎天主教學院（Catholic Institute, Paris, France）

「表面上中國人是沒有宗教可言的，讀書人和愚民唯一不同之點是：讀書人有點
相信而不大肯承認；愚民承認而不甚相信。」

張愛玲（1920—1995），中國現代作家

教會學校的女童，上海，20 世紀初

改變女性在中國社會中的地位是清末教會學校的目的之一，比如設立「天足會」。
教會組織女孩子讀書識字，讓她們做一些工作來貼補教會。
圖中的孩子們正在做針線活。

佚名，法國羅歇—維奧萊圖片社 / 東方 IC（Roger-Viollet/Imagine China）

「我不信單靠正義可以成事，正像我相信單拿一隻筷子不能吃飯一樣，我們必須要有第二隻筷子——實力。但是中國人卻以為自己有充分的正義，並且希望能夠以它來制服日本的鐵拳，這想法未免太天真了。」

赫德（Robert Hart, 1835—1911），英國人，清末在華長期擔任海關總稅務司

太湖秋操現場，安慶，1908 年 11 月

「秋操」即「秋季軍事操練」，是清廷檢驗新軍編練效果的軍事演習。
此次秋操設在安徽境內，主要為檢閱南洋各鎮，包括湖北第八鎮、江南第九鎮、安徽第三十一混成協等，
檢閱大臣是陸軍部尚書蔭昌（左一）、兩江總督端方（左二，1861—1911）和安徽巡撫朱家寶。
但秋操期間光緒、慈禧相繼駕崩，加之留守安慶的第三十一混成協炮兵隊熊成基發動起義，秋操流產。

施塔福（Francis Eugene Stafford），上海市歷史博物館

「西太后很久以來就避免使她自己陷於一種不能擺脫的地位，但是現在這位政治家現出了婦人的本
色，一言既出，戰事的慘禍也就莫可制止了。」

馬士（Hosea Ballou Morse, 1855—1934），美國人，清末上海海關職員，曾任稅務司

慈禧出殯，北京

光緒三十四年十月二十二日（公元 1908 年 11 月 15 日），
在光緒皇帝駕崩之後僅一天，「老佛爺」慈禧太后在中海儀鸞殿駕鶴西去。
這位同治、光緒兩朝實際的掌權者統治中國近半個世紀之久，
期間發生的歷史事件佔據了幾乎半部中國近代史，至今仍深刻地影響着中國和中國人。

喬治・厄內斯特・莫理循（George Ernest Morrison）

郊區的農民家庭，1911—1927 年

佚名，秦風老照片館

**修築使館區的道路，北京，
1911 年**

佚名，法國羅歇—維奧萊圖片社 /
東方 IC（Roger-Viollet/Imagine
China）

**剛畢業的女學生在草坪上合影，
北京，20 世紀 20 年代**

19 世紀末 20 世紀初，
中國教會大學進行了一系列改革，
興辦女校。
尤其是五四以後，
革新思想有了實質的體現。
在教育部的推動下，
教育機構標準水平有了提高，
入學人數也增多了，
女性受教育的權利得到了重視。

佚名，秦風老照片館

**商務印書館印刷所
照相製版部員工的合影，
1909—1913 年**

商務印書館於 1897 年 2 月 11 日
由夏瑞芳、鮑咸恩、高鳳池等
在上海集資創建。
1903 年建立印刷所、
編譯所和發行所，
改為中日合辦。
初以印刷商業簿冊、報表為主，
故館名商務。

施塔福（Francis Eugene Stafford，
上海市歷史博物館

海關總稅務司羅伯特·赫德乘「愛渥那」號船離開中國，1908 年 9 月 14 日

赫德，英國人，1854 年來到中國，1863 年 2 月 15 日繼李泰國
為大清帝國第二任總稅務司，且在任長達四十五年之久。
期間，創建了稅收、統計、浚港、檢疫等一整套嚴格的海關管理制度，
興建了沿海港口的燈塔、氣象站。

佚名，美國坎布里奇哈佛燕京圖書館（Harvard-Yenching Library, Cambridge, USA）

青龍場集市，成都北郊，1910 年

在川人俗稱的趕場天，青龍場街區擺滿了盛產於冬日的各種蔬菜。
清末，成都郊區及附近鄰縣約有場鎮四百個，農貿活動十分興旺。

路得·那愛德（Luther Knight），來約翰（John E. Knight）/ 王玉龍提供

大清皇家禁衛軍首領訪問奧匈帝國，布達佩斯，1910 年

義和團運動後，清政府為加強軍權，在原皇家衛隊的基礎上，
從新軍中抽調骨幹，組建新的皇家禁衛軍，主要由貝勒載濤專司訓練。

佚名，秦風老照片館

七個爬上墓塔的人，武昌，1909 年 4 月

清末新思想的引進，讓很多人認識到強身健體是改變命運的途徑，
遂聚眾練習傳統武術。

亨利・愛德華・拉沃爾（Henry Edward Laver），英國牛津大學皮特利弗斯博物館
（Pitt Rivers Museum, University of Oxford, Oxford, UK）

「一面是同盟會人，暗殺咧，起事咧，用秘密手段做了許多壯烈行
為；一面是各省諮議局中立憲派的人，請願咧，彈劾咧，用公開手
段做了許多羣眾運動。這樣子鬧了好幾年，犧牲了許多人的生命財
產，直到十年前的今日，機會湊巧，便不約而同地起一種大聯合運
動。武昌一聲炮響，各省諮議局先後十日間，各自開一場會議，發
一篇宣言，那二百多年霸佔鋪產的掌櫃，便乖乖的把全盤交出，我
們永遠託命的中華民國，便頭角崢嶸的誕生出來了。」

梁啟超（1873—1929），中國政治活動家、啟蒙思想家

孫中山在美國底特律中國同盟會分部成立時和分部成員合影，1910 年

同盟會芝加哥分會成立後，孫中山（正中）去底特律市籌款和宣傳組織
同盟會分會。第一批加盟的有湯介眉、朱卓文、林光等 20 多人。
舉行加盟和成立同盟會分會的地址在中國酒樓，介紹和主盟均為孫中山。
佚名

清軍在革命前夕進行操練，1907—1911 年

南懷謙神父（Father Leone Nani），意大利米蘭宗座外方傳教會
（Pontifical Institute for Foreign Missions, Milan, Italy）

修建堤壩，天津，1910 年

清末的中國，自然災害頻繁而普遍，一些大江大河過境的省份，如湖南、湖北、江蘇、
浙江、安徽等，時常發生嚴重水災，造成眾多百姓流離失所。
在汛期到來前，有實力的地方政府和當地紳士會組織鄉民加固沿河兩岸的堤壩。

喬治‧厄內斯特‧莫理循（George Ernest Morrison），澳大利亞悉尼新南威爾士州立圖書館
(The State Library of New South Wales, Sydney, Australia)

年輕的革命軍士兵,漢口,1911 年 10 月

丁樂梅(Edwin John Dingle),英國倫敦大學亞非學院倫敦傳道會/世界傳道會檔案館
(London Missionary Society / Council for World Mission Archives,SOAS, London, UK)

執行任務的清軍偵察兵，漢口，1911 年 10 月

現代化訓練和裝備的偵查騎兵是清末編練的新軍的一個重要組成部分，他們的訓練水平在實戰中得到檢驗，
為清軍提供了重要的戰地情報資料。

丁樂梅（Edwin John Dingle），英國倫敦大學亞非學院倫敦傳道會／世界傳道會檔案館
（London Missionary Society / Council for World Mission Archives, SOAS, London, UK）

清朝軍隊的馬克沁機槍，1910 年 10 月

丁樂梅（Edwin John Dingle），秦風老照片館

京張鐵路修成時詹天佑（車前右三）與同事合影，1909 年 2 月

京張鐵路是中國首條不使用外國資金及人員，由中國人自己籌資、勘測、設計、施工建造、投入營運的鐵路，
由詹天佑任京張鐵路會辦兼總工程師，1905 年 9 月開工修建，於 1909 年建成。

北京同生照相館（K. T. Thompson）

贈〔　　　〕
光復上海有功
同志

趙國良
十七歲

李君

〔　　〕君

黃帝紀元四千六百零九年
民國元年前一年
辛亥

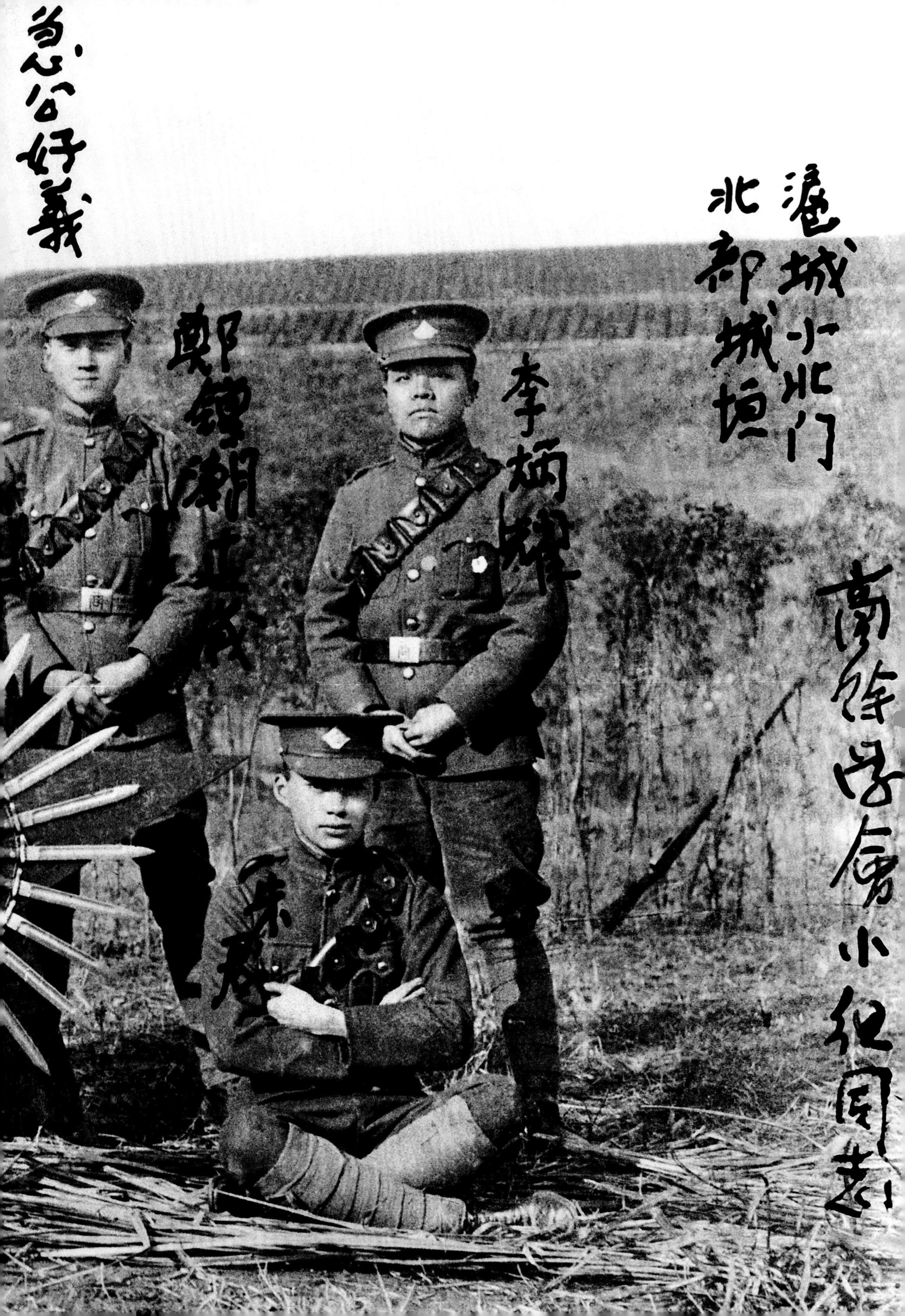
急公好義
滬城小北門
北郊城垣
李炳耀

「我在北洋水師學校，親見旅順大連為日本割去，青島為德國人所奪走。當我到濟公島的時候，看見兩個人，一個是英國兵，另一個是中國兵。英國兵身體魁梧，穿戴莊嚴，但中國兵則大不然，他穿的是一件灰色而破舊的軍衣，胸前有一個『勇』字，面色憔悴，兩肩齊聳。這兩個兵相比較，實有天壤之別，我當時感到羞恥和痛心。」

張伯苓（1876—1951），中國教育家

上海某商會會員，1911 年

上海商會出資組建了中國最早的革命軍隊。

佚名，王秋杭提供

大清海圻艦水兵在紐約接受市長檢閱，1911 年 8 月

海圻艦是中國第一艘以訪問英國、美國、墨西哥、古巴等國
而完成環球航行的大型軍艦。
清政府海軍中唯一一艘全艦官兵都剪掉辮子的軍艦。

佚名，華蓋創意（Getty Images）

勸業會頒獎儀式，1911 年

清光緒三十四年（公元 1908 年）起，成都青羊宮花卉集市被改名為「勸
業會」（博覽會），由四川通省勸業道台周善培題寫會名。此後每年舉
辦一次，會期長達二十五天。民國初年，勸業會停辦。

路得‧那愛德（Luther Knight），來約翰（John E. Knight）／王玉龍提供

1

2

3

4

革命軍在襄河旁守衛，1911 年

11 月 5 日，馮國璋下令攻打漢陽，集結 5000 人，強渡襄河。
由黃興指揮的革命軍第一線以機關槍掃射，清軍死傷枕藉。

施塔福（Francis Eugene Stafford），上海市歷史博物館

德國水兵，漢口，1911 年 10 月

從水兵帽子上的標識來看，他們來自不同的德國軍艦。一名水兵緊張地握着馬克沁機槍。
這種威力強大的武器不久後成為改變「一戰」歷史的經典裝備。

佚名，中國國家圖書館提供

「今天我們卻把歷史切斷,一概想模仿外國制度,明明知道這一制度與現實不配合,卻想推翻現實來遷就制度,而美其名曰革命。其實革命的本質,應該是推翻制度來遷就現實的,絕非是推翻現實來遷就制度的。」

錢穆(1895—1990),中國歷史學家

清軍通過浮橋，漢口，1911 年 10 月

清軍節節勝利，待袁世凱親抵孝感後，他們在新溝一帶漢水上架設浮橋。
此時清軍已控制漢口，並圍攻漢陽。

佚名，英國倫敦大學亞非學院倫敦傳道會／世界傳道會檔案館
（London Missionary Society ╱Council for World Mission Archives,SOAS, London, UK）

武昌起義，漢口，1911 年

1908 年慈禧太后的去世以及各省地方勢力的壯大，進一步削弱了清朝政權的權威。
1911 年 10 月，革命終於爆發。在武漢三鎮之一的漢口革命區，炸彈意外爆炸事件
成為革命的導火線。

佚名，德國威廉港市檔案館（City Archive in Wilhelmshaven, Germany）

準備開炮的革命軍，漢口，1911 年 10 月

儘管革命軍一開始就佔領了楚望台軍械庫，卻缺乏大威力的火炮。革命軍的主力火炮
口徑僅 3 英寸，且炮管較短，射程近，與清軍反撲時使用的 4 英寸大炮差距明顯。

丁樂梅（Edwin John Dingle），英國倫敦大學亞非學院倫敦傳道會／世界傳道會檔案館
（London Missionary Society／Council for World Mission Archives, SOAS, London, UK）

臨刑前的黃花崗烈士，廣州，1911 年 4 月

照片中右起陳亞才、宋玉林、韋幺卿、徐滿凌、梁偉、徐亞培。
但實際上只有徐滿凌一人的名字可在黃花崗烈士墓中找到，
也有資料認為這些名字多係化名，甚至有人認為右二即林覺民。

施塔福（Francis Eugene Stafford），上海市歷史博物館

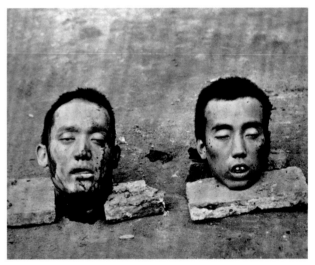

**武昌起義「首義三烈士」之劉復基、
彭楚藩被殺後的慘狀，1911 年 10 月 10 日**

彭楚藩是憲兵，入文學社、共進會後負責調查清軍之軍械部署。
審訊時主審官有意開脫，呵斥道：
「爾本為憲兵，往捕革命黨，如何錯繫於此。」
彭楚藩回答：「我本革命黨也。想我黃帝子孫，
焉能受滿虜令乎。」接着立即寫下供狀，但求速死。

施塔福（Francis Eugene Stafford），上海市歷史博物館

被革命軍抓獲的清廷密探，漢口，1911 年 10 月

佚名，秦風老照片館

強行剪辮子，南京，1911 年 12 月 31 日

孫中山就任臨時大總統的前一天，
南京的軍警開始在街頭強行剪除路人的辮子，
以此宣告清政府的倒台，共和的開始。

佚名，秦風老照片館

**漢字旗下的人潮，成都皇城，
1911 年 11 月 27 日**

為參加大漢四川軍政府
成立的慶典活動，
成都民眾從四面八方湧進皇城。
這裏曾是明蜀王朱椿的王府，
清康熙初年改為貢院，
大漢四川軍政府和四川都督府
先後設在這座皇城。
從皇城門洞向外看，
是刻着「為國求賢」
四字的石牌坊。
門洞裏是四川政法學堂，
校門木柵欄上插十八星漢字旗。

路得・那愛德（Luther Knight），
來約翰（John E. Knight）/
王玉龍提供

**陣亡的革命軍橫屍野外，
漢口，1911 年 10 月**

佚名，中國國家圖書館提供

橫渡漢口長江時遇難革命黨人
的屍體被帶上岸，1911 年

佚名，中國國家圖書館提供

運送傷兵，漢口，1911 年

佚名，中國國家圖書館提供

駐漢口的英國水兵在租界附近用磚和沙袋搭起工事，並備下滅火用的水喉。

遠處廣告牌上的仁丹和獅子牌牙粉都是日本輸出到中國的知名商品。

佚名，中國國家圖書館提供

準備南下武漢的清軍部隊，北京，1911 年 10 月

在獲悉武昌首義的消息後，清廷立刻派蔭昌率領新軍前往彈壓。
這是北京的新軍正通過東四牌樓，準備前往前門車站。

施塔福（Francis Eugene Stafford），上海市歷史博物館

清軍在大智門車站，1911 年 10 月

幾次拉鋸戰後，
漢口清軍分三路進攻
劉家廟車站，
經過一晝夜的激戰後
將其佔領，
並繼續向南推進到
大智門車站。

佚名，中國國家圖書館提供

在雅禮醫院療傷的革命軍士兵，長沙，1912 年

佚名

新軍，成都，1911 年

從這些士兵軍服肩章上寫着的「第六十七標」字樣可以判斷這是駐守成都的新軍第十七鎮所轄第六十七標。
9 月，四川爆發保路運動，從湖北前來鎮壓的端方在資州被所帶的湖北新軍所殺，
11 月 22 日，四川宣告獨立，成立「大漢四川軍政府」。

路得・那愛德（Luther Knight），來約翰（John E. Knight）／王玉龍提供

被燒毀的城區，漢口，1911 年 11 月

馮國璋率領清軍攻進漢口城後，與革命軍展開了激烈的巷戰。

其後馮國璋下令焚城，大火燃燒三晝夜方才熄滅，曾經熱鬧繁華的漢口城區只剩下一片白地。

喬治‧厄內斯特‧莫理循（George Ernest Morrison），澳大利亞悉尼新南威爾士州立圖書館（The State Library of New South Wales, Sydney, Australia）

第 328—329 頁

陝西地方武裝，1911—1912 年

清末陝西民間有許多秘密武裝，如匕首會，俗稱「刀客」，因成員經常佩帶長約三尺、寬約二寸的「關山刀子」
而得名。後與同盟會結合，成為渭北民軍的主要力量，是同盟會領導下的一支較強的農民武裝。

米歇爾．梅納德（Michel de Maynard），美國洛杉磯蓋蒂研究中心（Getty Research Institute, Los Angeles, USA）

**黎正醫官（左一）和他的第一區
辦公職員在臨時醫院門前，1911 年**

1910 年春夏之交，
俄國西伯利亞發生疫情，
但因人煙稀少，居住分散，
加上俄國控制嚴密，疫情沒有擴大。
但在俄國的中國勞工被驅逐回國，
沿鐵路向南。
1910 年 10 月 25 日，滿洲里首發鼠疫，
11 月 8 日即傳至哈爾濱。

喬治・厄內斯特・莫理循（George Ernest
Morrison），澳大利亞悉尼新南威爾士州立圖書
館（The State Library of New South Wales,
Sydney, Australia）

準備出發的消毒車，哈爾濱，1911 年

撲滅鼠疫最重要的就是防止擴散，
因此消毒很重要，
伍連德醫生組織的防疫隊
每天對發現鼠疫的地點消毒，
焚燒死於鼠疫患者的屍體，
最終遏制了鼠疫向關內擴散。

喬治・厄內斯特・莫理循（George Ernest
Morrison），澳大利亞悉尼新南威爾士州立
圖書館（The State Library of New South
Wales, Sydney, Australia）

小憩，北京，1910—1920 年

唐納德・曼尼（Donald Mennie），
中國國家圖書館提供

革命軍炮兵變換炮位，漢口，1911 年 10 月

京漢鐵路南端的劉家廟車站是火車總站，
有很多可以作為掩體的建築物。革命軍正在變換炮位，
左臂上繫的白布是革命軍區分敵我的標誌。

丁樂梅（Edwin John Dingle），上海市歷史博物館

薩迦寺的神舞，西藏，1911 年 7 月

薩迦寺是藏傳佛教薩迦派的主寺。夏季神舞在每年藏曆七月進行。

表演時，舞者都戴着薩迦寺護法神和各種靈獸面具，

神舞用簡單的故事情節，形象地反映了藏傳佛教密宗神舞滅殺魔鬼的基本內容。

威廉・珀道姆（William Purdom），美國波士頓哈佛大學阿諾德植物園圖書館（Arnold Arboretum Horticultural Library, Boston, USA）

1913 年 3 月 20 日，

民主先驅宋教仁在上海火車站遇刺，

他的臨終遺言猶謂：「伏冀大總統開誠心，佈公道，

竭力保障民權，俾國會得確定不拔之憲法，

則雖死之日，猶生之年。」

宋教仁的悲劇性命運，

實預示着中國共和革命之後內部軍閥戰亂的開端。

1912 年共和體制的誕生，是中國前所未有的新開端。

政治體制採行西式政體，政黨勃興，傳媒活躍，

經濟、文化、社會都有了新氣象，

中國似乎又有了改變自身命運的機會。

然而，不旋踵間，武人當道，

軍閥強橫，南北分裂，戰亂四起，

曾經的新氣象轉瞬即逝。

從袁世凱到段祺瑞，從曹錕到張作霖，

軍閥首領亂哄哄你方唱罷我登場，民眾深受其苦，

猶如時人所論，「無量頭顱無量血，可憐換得假共和」。

所謂南橘北枳，究竟何等體制、何等方法

適合於中國的轉型和發展，

國人又開始了艱難的探索與實踐。

然而，無論如何，辛亥革命之後的中國已不同於前，

皇帝再不復見，人們的思想空前活躍，

新文化運動興起，民族經濟得到發展。

五四運動後，中國的國際地位也有了一定改觀。

終於，在 20 世紀 20 年代後半期

國民革命和北伐戰爭的衝擊下，北洋軍閥時代結束了。

軍閥內戰

城牆上的士兵，瀋陽，1912 年

一名年輕士兵，身穿清末新軍（又稱「西軍」）步兵制服，手持上了刺刀的步槍。

遠處可以見到的是城牆角樓或城樓。

斯提芬・帕瑟（Stéphane Passet），法國上塞納河省阿爾貝・肯恩博物館
（Albert Kahn Museum, France）

上海外灘，1913 年

伯頓・霍爾姆斯（Burton Holmes），美國西雅圖伯頓・霍爾姆斯收藏
（The Burton Holmes Historical Collection, Seattle, USA）

「西后殘年待盡，倘康梁不採取急進態度，則德宗終可暢行其志。乃康熱衷過甚，卒演成賣君賣友慘
劇，而彼隻身遠竄，施施然以忠臣志士自命，堪云無恥之尤。梁則出風頭之念有餘，救國之心不足。」

嚴復（1854—1921），清末翻譯家、教育家

美國承認中華民國，
袁世凱和部分政府官員在
總統府與美國公使
嘉樂恆等合影，
1913 年 5 月 2 日

袁世凱身着前清陸軍上將軍
常服，右邊即美國公使嘉樂
恆（W. J. Calhoun）；
左前一是孫寶琦；
孫右後方是蔭昌；
前右二是陸徵祥；
蔭昌之右為梁士詒。

唐繼堯就任靖國聯軍總司令，重慶，1918 年 7 月 15 日

唐繼堯（右起第六，1883—1927），1905 年秋加入同盟會。1915 年 12 月 25 日，蔡鍔、唐繼堯聯名通電全國，宣佈雲南獨立，發起推翻袁世凱的「護國運動」。

在孫中山掀起反對北洋軍閥的護法運動時，打出靖國的旗號。1917 年 12 月，同黔軍袁祖銘部和川軍熊克武部聯合，任川滇黔靖國聯
軍總司令。1918 年被推為護法軍總裁，並任滇川黔鄂豫陝湘閩八省靖國聯軍總司令。

佚名，唐書瑋提供

「革命不怕受騙，也不怕失敗。哪怕一百件革命事業有九十九件失敗，而只有一件成功，革命就可勝利。」

孫中山（1865—1925），中國近代民主主義革命的先行者，中華民國和中國國民黨創始人，三民主義首創者

孫中山頭戴氈帽，身後跟着張靜江及民國政府的官員，1907—1917 年

佚名

**商務印書館照相製版部，
上海，20世紀20年代**

現代照相製版方法
自1839年發明後，
便被廣泛應用於印製
層次豐富的圖片。
作為當時國內最大的「出版
社」，商務印書館有多台
照相製版機器可以同時工作，
滿足繁忙的業務需要。

施塔福（Francis Eugene
Stafford），上海市歷史博物館

中德學校的學生，天津，1915 年

這些接受德式教育的年輕人身着統一制服，看上去滿足而快樂，心中充滿抱負。然而兩年後隨着中國對德國宣戰，他們接受的這種教育戛然而止。

佚名，德國科布倫茨德國聯邦檔案館（German Federal Archives, Koblenz, Germany）

東干軍事指揮官馬將軍，和闐，1915 年

東干人自稱回族，是遷居俄國的中國西北回民後裔。1877—1878 年陝西、甘肅回民反清大起義失敗後，由起義領袖白彥虎率領餘部遷居而去。

珀西 • 莫爾斯沃思 • 賽克斯（Percy Molesworth Skyes），英國倫敦大英圖書館（British Library, London, UK）

第 348—349 頁

孫中山等謁祭明孝陵，南京，1912 年 2 月 15 日

清帝退位三天後，孫中山一身戎裝攜南京臨時政府官員謁祭明孝陵。
辛亥革命以「驅除韃虜，恢復中華」為口號，因此孫中山一行在清帝退位後即來拜祭明太祖朱元璋的陵墓 —— 明孝陵。
前排左三為南京臨時政府南京衛戍總督徐紹楨，左四為陸軍總長黃興，左五為臨時大總統孫中山，
左六為海軍總長黃鍾瑛，左七露半張臉的是教育總長蔡元培。一個月後，臨時政府即宣告解散。
佚名，香港歷史博物館

南苑飛行教練場，北京，1913 年 5 月 25 日

南苑飛行教練場於宣統二年（公元 1910 年）修建，

民國二年（公元 1913 年）9 月 1 日正式成立，以李志義（音譯）為校長。

此為五個西方人在一架高德隆 G2 式雙翼飛機前拍照。高德隆 G2 式飛機是中國引進的第一種飛機。

斯提芬・帕瑟（Stéphane Passet），法國上塞納河省阿爾貝・肯恩博物館（Albert Kahn Museum, France）

德軍軍官俱樂部，青島，約 1912 年

遠處的建築是德國殖民當局授權的供第三海軍營和遠東艦隊軍官使用的俱樂部。

德國強佔青島初期，德國軍官俱樂部臨時安排在原清軍東兵營中，1907 年秋新軍官俱樂部動工興建，

1908 年 10 月基本完工，1909 年 1 月 29 日正式啟用。

佚名，德國科布倫茨德國聯邦檔案館（German Federal Archives, Koblenz, Germany）

在中國的傳教士，1910—1920 年

河南黃河流域連年遭受水災，意大利帕爾瑪「聖方濟各‧沙勿略外方傳教會」
的傳教士在向中國兒童宣講天主教教義。

佚名，華蓋創意（Getty Images）

第 352—353 頁

正在田間播種的農民，1912 年 6 月

由於東北地區土壤黏重，
用兩頭牲口套犁是普遍現象。

斯提芬‧帕瑟（Stéphane Passet），法國上塞納河省
阿爾貝‧肯恩博物館（Albert Kahn Museum, France）

「革命總是遭遇一個共同的命運:在當時它們似乎像突然爆發的火山似的,既不可預側,又無法控制。
但事過境遷回顧它們時,卻都漸漸淹沒在風景畫中,好像一座山的兩邊山腳,因和果都分不清楚了。」

費正清(John King Fairbank, 1907—1991),哈佛大學終身教授,著名歷史學家

一間金屬加工廠,北京,1917—1919 年

西德尼 · 戴維 · 甘博(Sidney D. Gamble),美國達勒姆杜克大學特藏圖書館
(Duke University Rare Book, Manuscript, and Special Collections Library, Durham, USA)

在農村徵兵,1912 年 1 月

民國肇建,各省軍閥為加強實力而開始大力徵兵,
徵兵方式也花樣繁多,圖中這個到農村徵兵的代理人還帶着軍樂隊。
各地軍閥實力的擴張,是民國初年軍閥混戰的開始。

佚名,華蓋創意(Getty Images)

京師第二監獄接受改造的犯人們正在做火柴，北京，1917—1919 年

英國總領事馬繼業先生和喀什噶爾軍事指揮官
馬將軍，在喀什噶爾的一次晚宴上，1918 年

弗雷德里克・馬遲曼・貝利（Frederic Marshman Bailey），
英國倫敦大英圖書館（British Library, London, UK）

學生在天安門前遊行示威，1919 年 11 月 29 日

北京 34 所學校男女學生 3 萬餘人於天安門前集會，
聲討日本帝國主義在台江事件中殘害福州人民的暴行，
抗議日艦侵擾福州，以聲援上海等地的反日遊行。

西德尼・戴維・甘博（Sidney D. Gamble），美國達勒姆杜克大學特藏圖書館（Duke University Rare Book, Manuscript, and Special Collections Library, Durham, USA）

「五四運動，是中國現代社會發展之必然的產物，無論
是功是罪，都不應該專歸到哪幾個人，可是蔡先生、
適之和我，乃是當時在思想言論上負主要責任的人。」

陳獨秀（1879—1942），中國新文化運動
發起人，中國共產黨創始人

逮捕清華學生，北京，1919 年 6 月 4 日

在巴黎和會上，中國的正當要求被無理拒絕。1919 年 5 月 4 日，北京城內學生舉行反帝愛國示威大遊行。
5 月 19 日，北京各校學生同時宣告罷課。
6 月 3 日、4 日，幾千名學生上街進行示威演講。當局逮捕了部分學生。

西德尼・戴維・甘博（Sidney D. Gamble），美國達勒姆杜克大學特藏圖書館
（Duke University Rare Book, Manuscript, and Special Collections Library, Durham, USA）

甘肅東部清水村民正在聽留聲機，1925 年 4 月 11 日

約瑟夫・洛克（Joseph Francis Charles Rock），美國波士頓哈佛大學阿諾德植物園圖書館 (Arnold Arboretum Horticultural Library, Boston, USA)

東北農村早春，1920—1929 年

佚名，秦風老照片館

少年中國學會成立一周年時，李大釗與該會北京部分會員在「岳雲別墅」合影，1920 年

1919 年 7 月 1 日，由李大釗發起的少年中國學會經過一年的籌備終於正式成立。
這個學會是「五四」時期出現的社團中歷史最長、會員分佈最廣的一個，毛澤東也曾參加該會，
其骨幹也是成立中國共產黨的主要成員。
左起為：孟壽椿、鄧中夏、周炳琳、張申府、陳愚生、康白情、袁同禮、李大釗、黃日葵、雷寶華。
佚名，華蓋創意（Getty Images）

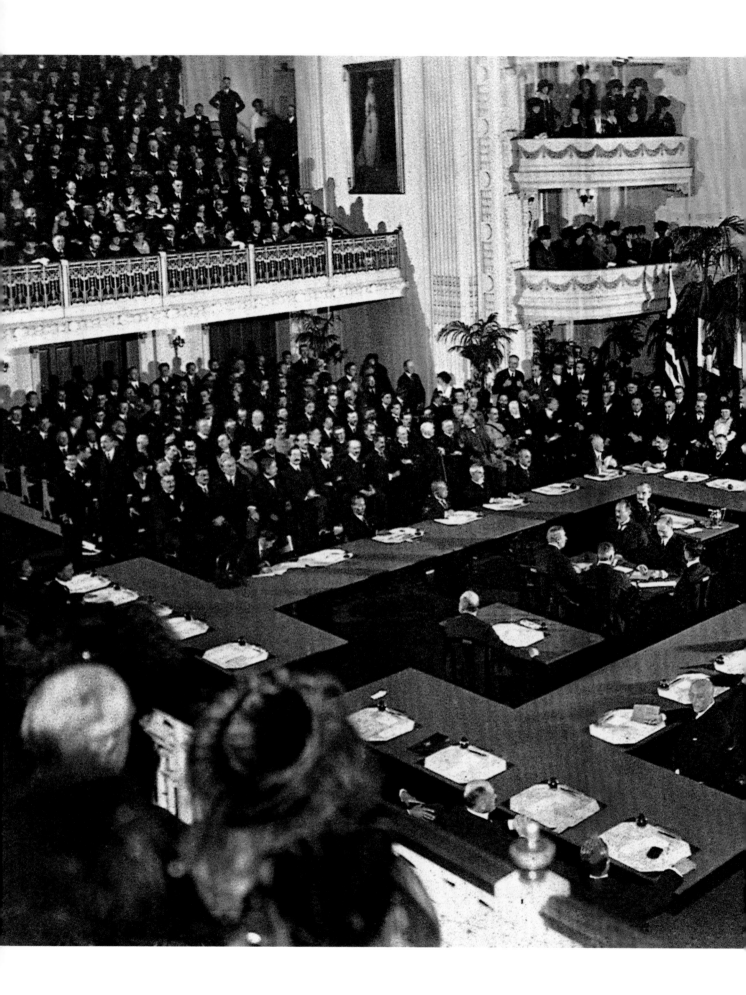

華盛頓會議會場，1921 年 11 月 12 日—1922 年 2 月

美、英、法、意、日、葡、比、荷、中九國在美國華盛頓召開會議，
討論限制海軍軍備等問題。會議另一個重要議程是關於中國的山東問題，
中國代表施肇基、顧維鈞及王寵惠等要求取消日本的「二十一條」。
在美國的壓力下，日本被迫放棄在中國的局部利益。
安德伍德立體照片公司（Underwood & Underwood）

蔡元培與中國教育代表團，
夏威夷檀香山，1921 年 8 月

蔡元培（中坐者）率中國教育代表團
到檀香山出席太平洋各國教育會議時，
與代表團成員合影。
佚名

章宗祥、陸徵祥等在中央公園（今中山公園）柏樹前合影，北京，1914 年

左起分別為章宗祥、陸徵祥、周自齊、朱啟鈐、曹汝霖。

佚名，中國第二歷史檔案館提供

聖誕節打獵，青島，1913 年

佔領青島期間，
德國人仍然熱衷打獵。

佚名，德國科布倫茨德國聯邦檔案館
（German Federal Archives, Koblenz,
Germany）

上美術課的中德學院學生，
青島，1913 年

1904 年，
德國在青島的殖民政策
發生了變化：
由早前在青島
實行的種族隔離式
城市管理模式，
改為友好、和睦、
文化交融的方式。
「中德學院」就在那時建立。

佚名，德國科布倫茨德國聯邦檔
案館（German Federal Archives,
Koblenz, Germany）

第 368—369 頁

北洋軍訓練，1913—1915 年

袁世凱在暗殺宋教仁同時，加緊戰爭準備，
計劃以武力解決南方軍隊。

佚名，中國第二歷史檔案館提供

第 370—371 頁

孫中山在松元樓，東京，1913 年 2 月

1912 年 4 月，
孫中山被迫辭去臨時大總統職，
投身於中國鐵道事業。
1913 年 2 月 10 日，孫中山作為全國鐵道督辦，
偕夫人盧慕貞、秘書兼翻譯戴季陶、
英文秘書宋靄齡，隨員馬君武、宋嘉樹等
一行乘「山城丸」輪船訪日考察。
梅屋莊吉在松元樓為孫中山舉行紀念酒會，
此為會後眾人留影，
孫中山站在後排正中，前排右二為宋耀如。

大武丈夫（Otake Takeo），秦風老照片館

「孫中山作為一個先驅者，表現出為完成他的使命所需要的一
切靈活性。有時候他和三合會之類秘密會社的強人通力合作，
有時候同日本的擴張主義者合作，有時候跟美國傳教士、中國
留學生、華僑商人、共產國際代理人以及軍閥合作，總之跟任
何肯聽他的話的人合作。他太真誠，所以不做一個簡單的機會
主義者；他又太實際，所以不執着於一種意識形態。」

　　　費正清（John King Fairbank, 1907—1991），哈佛
　　　　　　大學終身教授，著名歷史學家

孫中山、宋慶齡和侍衛人員合影，廣州，1922 年 6 月

陳炯明軍圍攻總統府，衛隊以寡擊眾，奮勇抵抗，苦戰十餘小時，傷亡約三分之一。

圖為事件後孫中山夫婦和侍衛隊合影。

佚名，華蓋創意（Getty Images）

南北議和會議，上海，1919 年 2 月 20 日

北方總代表為朱啟鈐（站立者），會議桌左側為南方代表，總代表為唐紹儀。

自左至右：王伯羣、郭椿森、繆嘉壽、章士釗、唐紹儀、胡漢民、曾彥、劉光烈、彭允彝、李述膺、鍾文耀。

門前方桌後右為賈士毅，左為周詒春。

亞細亞照相館（Asia Photo Studio），中國第二歷史檔案館提供

南北議和代表，上海，1919 年 2 月 20 日

1917 年孫中山在廣州發動護法運動，南北戰起。

1919 年 2 月，南北雙方在上海舉行議和會議。

自左至右：鍾文耀、×××、曾彥、郭椿森、彭允彝、胡漢民、李國珍、劉恩格、

繆嘉壽、方樞、朱啟鈐、吳鼎昌、唐紹儀、李述膺、章士釗、饒鳴鑾、施愚、王伯羣、

徐佛蘇、劉光烈、王克敏、汪有齡、江紹傑、周詒春、賈士毅。

亞細亞照相館（Asia Photo Studio），中國第二歷史檔案館提供

「我調和南北之苦心，世人不諒，死不瞑目矣！」

宋教仁（1882—1913），中國民主革命先行者、政治家

張勳的 「辮子軍」士兵守衛正陽門，1917 年 6 月

1915 年對正陽門的改造，包括在正陽門兩側的城牆上各開兩個門洞，
方便進出前門東、西車站的行人和車輛。在張勳的車隊經過新修的門洞時，
這名「辮子軍」士兵正守衛在旁。他身穿新軍制服，手持最新式的德國毛瑟步槍。
佚名，秦風老照片館

「討逆軍」炮兵

騾馬為炮兵提供主要的動力，
牠們牽引火炮，背馱彈藥。
為了反對張勳復辟，
由段祺瑞和馮國璋的部隊組成
的「討逆軍」入京擒拿張勳。
張勳坐鎮位於南池子的張宅中，
戰事從馬家堡一直延伸到南池子。
討逆軍就是用這些火炮
擊潰了辮子軍的防線，
炮彈徑直打入
張勳在南池子的舊宅。
佚名，秦風老照片館

**剃頭攤，宜昌，
1917—1919 年**

西德尼・戴維・甘博
（Sidney D. Gamble），
美國達勒姆杜克大學特藏圖
書館（Duke University Rare
Book, Manuscript, and Special
Collections Library, Durham,
USA）

「在我們這個社會裏，做事極不容易。同治年間起始的自強運動，雖未達到目的，然而能有相當的成績，已經費了九牛二虎之力。倘若當時沒有恭親王及文祥在京內主持，沒有曾國藩、李鴻章、左宗棠在京外推動，那麼，英法聯軍及太平天國以後的中國還要麻木不仁，好像鴉片戰爭以後的中國一樣。所以我們要仔細研究這幾位時代領袖人物究竟做了些甚麼事業。」

蔣廷黻（1895—1965），中國歷史學家、民國時期外交家

祥和的北京市街，約 1920 年

佚名，秦風老照片館

屋頂上的遜帝，北京，20 世紀 20 年代

1912 年溥儀遜位時，還只是一個不到六歲的孩子，享受着「皇室優待條件」，在紫禁城中的生活可以說是無憂無慮。
在故宮保存的溥儀照片中，可以看到一張他站在千秋亭西側房頂上的照片。

佚名，北京故宮博物院

「如果我死了，而憲法確立，則死而榮生，死我何惜？各國立憲，莫不流血，然後才有和平。」

紹英（1861—1925），清朝憲政考察團五大臣之一

故宮太和殿前舉行的閱兵慶典，1918 年 11 月 28 日

「一戰」結束後，1918 年 11 月 28 日—30 日，民國政府以參戰國資格舉行大慶。

西德尼・戴維・甘博（Sidney D. Gamble），美國達勒姆杜克大學特藏圖書館
（Duke University Rare Book, Manuscript, and Special Collections Library, Durham, USA）

上海嘉定賽會，1913—1915 年

迎神賽會是鄉鎮娛樂的主要方式。每逢七月中或十月初一，
嘉定城內祭祀楊滋、城隍神或土地神，舉行賽會。

施塔福（Francis Eugene Stafford），上海市歷史博物館

蔣介石與宋美齡的結婚照，1927 年

蔣介石（1887—1975），名中正，字介石，
國民黨黨、政、軍主要領導人。
宋美齡（1897—2003），與宋靄齡、宋慶齡並稱為宋氏三姐妹，
父親為富商宋嘉樹。宋美齡是蔣介石的第四任妻子。
佚名，中央社

「我希望中國的自主，應該維持。我希望它的獨立，應該保全。我希望，
它能獲得平等，這樣它就能以平等的特權給予一切國家。」

　　蒲安臣（Anson Burlingame, 1820—1870），美國政治家、外交家

蔣介石與陳潔如合影於黃埔軍校，1926 年 5 月

陳潔如（1907—1971），浙江鎮海人。
幼時在上海讀書，1921 年認識蔣介石，後與之結合。
佚名，中國第二歷史檔案館提供

北伐誓師，廣州，1926 年 7 月 9 日

為推翻北洋政府的統治，蔣介石以國民革命軍總司令的身分在廣州東校場主持北伐誓師典禮。
經過兩年征戰，北伐勝利，中國基本統一。
佚名，秦風老照片館

「辛亥革命那一代人，現代意識還很幼稚，士大夫意識還很濃重。廿世紀初，西方學術已經很是精微，而我們國家連學術性的研究都還沒有，只有匆匆忙忙的政治設計。孫中山當年在日本演説『三民主義』、五權憲法，留學生聽得如醉如癡，就因為孫中山對西方學説的了解，無人能及，雖然現在看來還非常粗糙。宋教仁在日本也只是比別人多讀了幾本日本翻譯的西方政治制度的書，他怎麼可能理解這些制度背後的社會生活和文化環境。他們在前進的路上摸不到石頭過不了河是正常的歷史現象。缺乏現代文化意識是個根本的問題。」

朱宗震（1941— ），中國社會科學院近代史所研究員

國民黨領袖在西山碧雲寺孫中山陵寢安置處舉行孫中山的祭祀典禮，
北京，1928 年 7 月 6 日

佚名，秦風老照片館

「一個政府要存在，自然不能不制裁一切推翻政府或反抗政府的行動。向政府要求革命的自由權，豈不是與虎謀皮？」

胡適（1891—1962），中國歷史學家、哲學家

拘捕處決，20世紀20年代

1927年，蔣介石在上海發動「四一二」政變，
對共產黨實施拘捕處決，同年12月爆發了廣州起義。

佚名，法國羅歇—維奧萊圖片社 / 東方IC
（Roger-Viollet/Imagine China）

逮捕嫌疑犯，上海，1931年

1927年，北伐勝利後，
國民政府宣佈上海為特別市，
成立了上海特別市政府，統轄上海非租界地區。
市政府接收改組淞滬警察廳為上海特別市公安局。
蔣介石代表國民黨右翼勢力，
對左派及其左派的同情者或進步分子，
實施逮捕和處決。

佚名

1860

2月，英、法政府決定再派額爾金、葛羅為特使，率軍侵華。

5月，太平軍二破江南大營，和春、張國梁逃往鎮江。

6月，美國人華爾在上海組成洋槍隊。

英、法政府通告歐美各國對中國宣戰。

7月，沙俄侵佔中國海口海參崴，改名為符拉迪沃斯托克，意為「控制東方」。

8月，英法聯軍佔北塘、天津，實行軍事管制。

清政府實授曾國藩為兩江總督，以欽差大臣督辦江南軍務，所有大江南北水陸各軍悉歸節制。

李秀成軍三面包圍上海，焚江海關，進逼法租界，被英法軍擊敗。

9月10日，英法聯軍先頭部隊3000餘人到達通州南20里張家灣，進攻八里橋，敗僧格林沁等。

巴夏禮見載垣，使團39人為僧格林沁所捕。

咸豐帝自圓明園逃往熱河。授恭親王奕訢為欽差便宜行事全權大臣，督辦和局。

10月13日，英法聯軍進入北京外城。

10月18日，英軍奉額爾金命，縱火焚毀圓明園。大火三日不熄。

10月24日，欽差大臣奕訢與英國專使額爾金簽訂中英《北京條約》（並交換《天津條約》）。開天津為通商口岸，割九龍司為租界，賠款改為800萬兩。

10月25日，欽差大臣奕訢與法國專使葛羅簽訂中法《北京條約》（並換《天津條約》，開天津為通商口岸，賠款改為800萬兩。

11月，欽差大臣奕訢與俄公使伊格那季耶夫簽訂中俄《北京條約》，准烏蘇里江以東屬俄，喀什噶爾通商，庫倫設領事。

12月，太平軍三路大軍圍困曾國藩於祁門。

1861

1月，欽差大臣恭親王奕訢等提出《通籌夷務全局摺》，提出了「滅髮捻為先，治俄次之，治英又次之」的戰略方針。

清政府委任英國人李泰國為中國海關總稅務司。

清政府設立總理各國事務衙門，由恭親王奕訢、大學士桂良、戶部左侍郎文祥主理事務。天津開埠。

3月，外國公使進駐北京。

6月，貴州教案發生。

8月，咸豐帝病死。皇太子載淳繼位，是為同治帝。

兩江總督曾國藩提出「購買外洋船炮，則為今日救時之第一要務」，洋務活動開始。

11月，慈禧太后與恭親王奕訢發動祺祥政變。

詔立斬肅順，載垣、端華賜死，景壽、穆蔭、匡源、杜翰、焦佑瀛革職。

清政府以曾國藩督辦蘇、皖、贛、浙四省軍務，所有四省巡撫提督以下各官，悉歸節制。

12月，李秀成軍克杭州。

曾國藩設安慶內軍械所。

1862

1月，漢口開埠。

李秀成兵分五路，再次進攻上海。

2月，清政府批准上海成立中外會防局，借師助「剿」太平軍。

3月，江蘇巡撫薛煥奏，洋槍隊兵勇作戰甚為得力，已取名為「常勝軍」，並續挑丁壯交華爾教演。

美商上海輪船公司成立，通稱「旗昌輪船公司」，是上海第一家外商輪船公司。

李鴻章淮軍抵上海。

1863

4月，台灣天地會起義。

上海法租界設立籌防公所。

5月，英法聯軍及「常勝軍」佔領嘉定，大肆搶掠。

李秀成擊敗英法軍、「常勝軍」，攻克嘉定，第三次進攻上海。

曾國荃湘軍進逼天京，紮營雨花台，天京第三次被圍。

6月，譚紹光攻克青浦，李秀成率太平軍再攻上海。

7月，京師同文館成立。

8月，李鴻章、華爾率軍擊敗譚紹光部。

9月，「常勝軍」領隊華爾被太平軍擊斃。

10月，左宗棠在浙江與法軍組成「常捷軍」。

3月，第一次重慶教案發生。

欽差大臣僧格林沁攻陷捻軍根據地雉河集。

英國少校軍官戈登接統「常勝軍」。

清政府批准李鴻章等在上海、廣州設立學習外國語的廣方言館。

6月，翼王石達開在四川大渡河紫打地陷入清軍包圍，所部全軍覆沒。

9月，上海英美租界合併為公共租界。

11月，赫德繼任中國海關總稅務司。

是年，沙俄在漢口創辦順豐磚茶廠，是俄國在中國設立的第一家工廠。

天主教傳教士創辦上海聖芳濟書院。

1864

1月，李鴻章命英人馬格里成立蘇州西洋炮局，供應淮軍軍火。

3月，曾國荃率湘軍進軍天京太平門及神策門，天京被合圍。

5月，常勝軍和淮軍攻陷常州。
6月，上海英美租界「洋涇浜北首理事衙門」成立。
7月，上海出版的英文《北華捷報》擴充為《字林西報》，改為日報。

天京陷落李秀成被俘，後被殺害。
8月，英國在香港創辦滙豐銀行，1865年3月3日正式營業。
10月，《中俄勘分西北界約記》簽訂。
11月，洪仁玕就義於南昌。
12月，捻軍與西北太平軍共推遵王賴文光為首領，繼續進行鬥爭。

1865

1月，中亞浩罕國軍事頭目阿古柏在英俄支持下侵入新疆，佔喀什噶爾城。
京師同文館美國教習丁韙良譯《萬國公法》刊行。

4月，英國香港滙豐銀行在上海開設分行。
5月，賴文光、張宗禹率軍在山東曹州西北高樓寨設伏大敗清軍，清欽差大臣僧格林沁被擊斃。
8月，四川酉陽教案發生。
海關總稅務司署自上海遷到北京。
9月，曾國藩、李鴻章在上海建江南機器製造總局。
是年，李鴻章建立金陵機器製造局。英商在上海開設耶松船廠。

1866

6月，閩浙總督左宗棠奏設船政學堂於福建，是清末最早的海軍學校。
7月，左宗棠在福州籌設福州船政局。
9月，捻軍賴文光等突破汴南衛河堤牆，曾國藩防河計劃破產。
10月，清政府批准三口通商大臣崇厚籌設天津機器局。
12月，清政府任命李鴻章為欽差大臣，專司「剿」捻事宜。
西捻軍進逼西安。東捻軍攻克湖北麻城。

1867

4月，三口通商大臣崇厚設立天津機器製造局。

6月，東捻軍在山東梁山突破清軍運河長牆，進逼濟南。
11月，清政府委前美國駐華公使蒲安臣為辦理中外交涉事務大臣，出使美、英、法、俄等國。
阿古柏在新疆建立所謂「哲德沙爾汗國」，自稱為汗。

1868

7月，蒲安臣擅自與美國國務卿西華德在華盛頓簽訂中美《續增條約》，即《蒲安臣條約》。
8月，西捻軍被清軍圍困在山東茌平的黃河、運河及徒駭河之間，全軍覆沒。捻軍反清鬥爭至此失敗。
8月，揚州教案發生。
9月，《教會新報》創刊於上海。
9月，江南製造總局第一號輪船竣工，名為「恬吉」，後改「惠吉」。

1869

1月2日，四川第二次酉陽教案發生。
6月14日，貴州遵義教案發生。

9月24日，英、俄、德、美、法五國公使在北京訂立《上海公共租界土地章程》、《法租界市政組織法》。
11月，美傳教士丁韙良任京師同文館總教習。

1870

6月21日，天津教案發生。
6月23日，清政府命直隸總督曾國藩查辦「天津教案」。
6月28日，清政府派三口通商大臣崇厚為出使法國欽差大臣，赴法道歉。
是年，王韜在香港集股買下英華書院，旋又創辦《循環日報》。

1871

1月6日，清軍攻陷寧夏金積堡，馬化龍率回軍投降。
7月4日，沙俄軍隊侵佔伊犁。
9月3日，曾國藩、李鴻章奏請派陳蘭彬、容閎帶學生出國，學習軍政、船政、計算、製造等科學技術。
9月13日，中日《修好條規》及《通商章程》在天津簽字。
12月，琉球60多人乘船漂流到台灣南部琅嶠，大部分被當地原住民殺害，有12人逃脫被送到福州，被清政府當局遣送回國。

1872

4月，苗民起義首領張秀眉被俘，起義失敗。
英人美查在上海創辦《申報》。
8月，陳蘭彬、容閎率第一批赴美留學生詹天佑等從上海啟程。
是年，華僑商人陳啟源在廣東南海縣設立繼昌隆繅絲廠。
英商太古輪船公司成立於上海。

1873

1月，輪船招商局在上海成立。
5月，江西瑞昌教案發生。
6月，中國第二批赴美留學生從上海啟程。
清廷允許持有國書駐京各國使臣覲見。

9月，清政府派陳蘭彬去古巴查看華工受虐待情形。

12月，劉永福率黑旗軍在河內擊敗法軍。

1874

2月，法越停戰，法軍退出越南。

5月，上海人民反對法租界侵佔四明公所。日軍陸軍中將西鄉從道率艦隊入侵台灣，在南部琅嶠登陸。

沙俄拒不交還伊犁，清政府派左宗棠迅速西征。

6月，廣州機器局設立。

9月，美國傳教士林樂知將《教會新報》改名為《萬國公報》。

第三批赴美留學生從上海啟程。

10月，中日《台灣專條》簽字，再次明確整個台灣島是中國的領土。清政府「撫恤」日軍50萬兩白銀，日軍從台灣撤退。

1875

1月，同治帝載淳病死，光緒帝載湉即位，改明年為光緒元年。

慈禧太后第二次垂簾聽政。

2月，英使館翻譯馬嘉理在雲南被打死。

3月，英使威妥瑪就「馬嘉理事件」正式向總署提出六項要求。

5月，清政府任命左宗棠為欽差大臣督辦新疆軍務。

8月，清政府首次正式派出常駐國外公使郭嵩燾出使英國。

9月，日本出兵侵略朝鮮，製造「江華島事件」。

10月，中國第四批赴美留學生從上海啟程。

12月，清政府任命陳蘭彬、容閎為出使美、秘等國欽差大臣。

是年，英國在上海設立麥加利銀行分行。

1876

4月，四川江北廳教案發生。

5月，清軍大舉出關，進入新疆北部。左宗棠大營移節肅州，指揮收復新疆。

6月，英商修築的吳淞鐵路通車。隨後，慈禧太后令撤毀。

8月，清軍在烏魯木齊以北大敗阿古柏軍，收復烏魯木齊等地，11月初收復瑪納斯南城，平定天山北路。

1877

1月，清政府派福建船政學堂學生嚴復等30人赴英、法留學。

4月，湖北宜昌、安徽蕪湖、浙江溫州開埠。清軍收復達阪城。隨後又收復托克遜、吐魯番等地。

5月，阿古柏猝死於喀拉沙爾。

9月，李鴻章派唐廷樞等在灤州設立開平煤礦。

10月，清軍劉錦棠部收復南疆喀拉沙爾、庫爾勒、拜城、阿克蘇、烏什等地。

11月，中國、西班牙、古巴華工條款在北京簽字。

12月，劉錦棠部收復喀什噶爾、葉爾羌城、英吉沙爾。

阿古柏餘部白彥虎等逃入俄境。

是年，丁寶楨在成都設立四川機器局。

1878

2月，清軍收復和闐，南疆平定。除伊犁外新疆全部收復。

6月，清政府派崇厚為欽差大臣出使沙俄，談判索還伊犁事宜。

9月，瓊州道漢、黎族人民抗清起義。

12月，海關設郵政局。

是年，朱其昂建立天津貽來牟機器磨坊。

1879

3月，日軍侵佔琉球，廢琉球國王。

6月，唐山胥各莊運煤鐵路興工，是中國自辦鐵路之始。

10月，崇厚與沙俄訂立《里瓦幾亞條約》，中國損失大量權益。

是年，李鴻章在大沽北塘海口炮台試設到天津的電報。

英文版《文匯報》創刊於上海。

1880

3月，清政府命李鴻章統籌北洋及天津防務。

8月，天津水師學堂籌建。

9月，中國巴西《通商條約》在天津簽字。

9月，蘭州機器織呢局正式開業。

10月，天津設立電報學堂。

11月，中美《續修條約》在北京訂立。

12月，北洋水師大沽船塢竣工，羅豐祿為大沽船塢總辦。

1881

2月，曾紀澤在聖彼得堡簽署中俄《伊犁改訂條約》和《改訂陸路通商章程》，俄國歸還中國伊犁地區，但獲得土地割讓、賠款和商務權益。

6月，唐山胥各莊運煤鐵路建成，「中國火箭號」車頭首次行駛。

英國商人在上海創辦自來水公司。

12月，中國第一條電報線滬上海至天津線建成並交付使用。電報總局於天津，上海、蘇州、鎮江、濟寧、清江、臨清設分局。

1882

1月，《申報》首用國內電訊。

5月，曾紀澤向法國外長抗議法軍佔河內。

6月，黑龍江呼蘭縣發生教案。

7月，上海公共租界電燈公司開始供電。

8月，朝鮮發生「壬午兵變」，清政府出兵朝鮮，平定兵變。

開平煤礦工人要求同工同酬，舉行罷工。

12月，中俄《喀什噶爾界約》簽訂。

3月，李鴻章派員興建旅順港。

法軍攻陷越南南定。越王阮福時請求清政府援救。

4月，劉永福應邀帶黑旗軍往越南山西，助越抗法。

6月，法國特使到中國重新開始談判，企圖迫使清政府承認法國在北越的特權。

8月，中俄《科塔界約》議定。

法越《順化和約》簽字，越南承認為法國保護國。

11月，法內閣通知曾紀澤，決定以武力取安南北圻。

越南發生政變，主戰派立阮福昊為越王，否認《順化和約》。

12月，法軍提督孤拔攻陷安南山西，應邀駐守該地的清軍和黑旗軍敗退。

清政府命雲貴總督岑毓英帶兵赴安南山西援越。

5月，李鴻章與法國水師總兵福祿諾在天津簽訂《中法會議簡明條款》，清政府承認法國對越南的保護權。

6月，法軍進攻諒山，挑起諒山事件。

7月，法國遠征艦隊以「遊歷」為名，強行駛入福建水師基地馬尾軍港。

8月，法國軍艦進犯台灣基隆，基隆炮台被炸毀，基隆煤礦被破壞。

中法馬尾海戰爆發，福建水師船艦多數被擊毀，馬尾船廠被摧毀。

清政府下詔對法國宣戰。

9月，清政府授左宗棠為欽差大臣，督辦福建軍務。

10月，法軍提督孤拔宣佈封鎖台灣海面。

清政府設新疆省。命劉錦棠為第一任新疆巡撫，督辦新疆軍務。

是年，廣東、福建、浙江、貴州、雲南等地人民焚毀天主教堂。

1月，清西線滇軍和黑旗軍與法軍在宣光城展開激戰。

2月，法軍攻陷諒山、鎮南關。

3月，馮子材率守軍大敗法軍，獲「鎮南關大捷」，攻克諒山。

4月，法艦攻佔澎湖，中法在巴黎簽訂《停戰協定》。

中日《天津會議專條》簽訂。

6月，《中法會定安南條約》即《中法新約》簽訂，中法戰爭結束。

9月，清政府改台灣府為台灣省，任命劉銘傳為第一任台灣巡撫。

10月，清政府設立海軍衙門，奕譞總理海軍事務。

清政府任命袁世凱為駐朝鮮總理交涉通商事宜大臣。

5月，奕譞與李鴻章等乘輪赴北洋各海口，查閱各處炮台、水陸操練、機器局、武備水師學堂。

7月，中英簽訂《緬甸條約》。

3月，川滇電線建成。

10月，閩台水底電線建成。

12月，中葡《和好通商條約》在北京簽訂。

3月，英國侵略軍悍然向西藏隆吐山進攻。

慈禧太后挪用海軍經費修造頤和園。

7月，天津至唐山鐵路建成通車，稱「北洋鐵路」。

12月，北洋海軍建成，任命丁汝昌為提督。

3月，慈禧太后宣佈歸政，光緒帝正式親政。

8月，張之洞建議修建盧溝橋至漢口鐵路。

10月，西安至嘉峪關電線架設。

3月，中英《藏印條約》簽訂。

8月，四川大足縣余棟臣等舉行反洋教起義。

12月，湖廣總督張之洞創辦漢陽鐵廠及槍炮廠。

旅順船塢、修船廠等工程竣工。

4月，開平煤礦工人舉行反對外國技師欺壓的大罷工。

5月，蕪湖教案發生。

6月，湖北武穴教案發生。

8月，康有為著《新學偽經考》一書刊行。

9月，宜昌教案發生。

10月，英國允許中國在香港設領事。

11月，熱河金丹道教在敖罕旗起義。

8月，沙俄出兵帕米爾地區，強佔薩雷闊嶺以西中國領土。

9月，湖南醴陵、臨湘等地哥老會在江西萍鄉起事。

10月，四川大足余棟臣等再舉反洋教大旗起義。

7月，湖北麻城教案發生。

10月，上海機器織布局被焚。

11月，漢陽鐵廠建成。

12月，開辦天津總醫院西學堂。

1月，張之洞奏設武昌自強學堂。

3月，中英訂立《續議滇緬條約》。

中美在華盛頓簽訂《限禁來美華工保護寓美華人條約》。

6月，日本內閣決定出兵朝鮮，隨即成立指揮侵略戰爭的大本營。

李鴻章接到朝鮮政府正式請求「速為代戡」的電報。直隸提督葉志超率淮軍1500人抵達朝鮮牙山縣。

日海軍先遣隊8000人在朝鮮仁川登陸。

7月，日軍包圍朝鮮王宮，劫持國王，組織傀儡政府。

日艦在牙山口外豐島擊沉中國運兵船高陞

號，重創濟遠、廣乙等艦。中日甲午戰爭
爆發。

8 月，中日相互宣戰。

英國、俄國宣佈對中日戰爭中立。

日本與朝鮮簽訂同盟條約。

9 月，中日黃海海戰，管帶鄧世昌等戰死。

11 月，日軍攻陷金州、大連灣、岫岩、旅順。

清政府派天津稅務司德國人德璀琳赴日議
和，被日本政府拒絕。

孫中山於檀香山建立興中會。

12 月，日軍攻佔海城、復州。

是年，廣西按察使胡燏棻奉命在天津馬廠
訓練定武軍。

1895

2 月，清政府派李鴻章為頭等全權大臣與日
本議和。

日軍進攻北洋水師，提督丁汝昌殉國。北
洋水師全軍覆沒。

孫中山在香港成立興中會總部，籌備發動
廣州起義。

3 月，孫中山、楊衢雲等在香港計劃攻取廣
州，決定以青天白日旗為革命軍旗。

日軍攻佔澎湖。

4 月，中日《馬關條約》簽訂，中國被迫讓
與遼東半島、澎湖列島、台灣島等地，賠
款 2 億兩白銀，中日甲午戰爭結束。

台北罷市，台灣紳民留巡撫唐景崧守台。

康有為、梁啟超等鼓動廣東、湖南應試舉
人上書都察院，請拒和議。

5 月，嚴復《救亡決論》在天津《直報》開
始登出。

萬般無奈下，台灣紳民決定自主保台。

6 月，日軍攻陷台北，進攻南雅廳、新竹，
義勇徐驤、姜紹祖、吳湯抵抗。

慶親王奕劻、吏部侍郎徐用儀與法使施阿
蘭訂立中法《續議界務專條》，允越南鐵
路展至中國境內。

7 月，中俄在聖彼得堡訂立借款合同，由俄、
法合借四萬萬法郎，償付對日賠款。

8 月，福建古田齋教發動反洋教鬥爭。

康有為在北京創辦《中外紀聞》，遍送達
官貴人。

日軍攻陷彰化。

10 月，中德訂立漢口租界章程。中德訂立

天津租界章程。

日外相西園寺公望與俄、德、法三使商定
交還遼東，由中國增付賠款三千萬兩。

日軍陷嘉義，徐驤戰死。

11 月，興中會廣州起義。

北京強學書局開局，「先以報事為主」。

12 月，清政府命袁世凱督練新建陸軍。

北京強學會創刊《中外紀聞》。

孫中山於日本橫濱設興中會分會。

1896

1 月，上海強學會機關報《強學報》創刊。

4 月，義和拳首領趙三多、閻書勤等在山東
冠縣梨園屯「亮拳」三天，反抗天主教堂
霸佔玉皇廟。

5 月，袁世凱於天津創設武備學堂。

6 月，李鴻章與俄外務大臣羅拔諾夫在莫斯
科簽訂《中俄同盟密約》。俄國取得東清
鐵路修築權。

8 月，《時務報》在上海創刊。

10 月，孫中山被倫敦中國使館誘捕，旋英
國政府干涉獲釋。

1897

1 月，山東平度英雄會數千人在徐家河岔、
沙溝一帶開展反洋教鬥爭。

2 月，李鴻章與英使竇納樂訂立《中英續議
緬甸條約》，英國取得南坎三角地永租權。

商務印書館創設於上海。

3 月，法國強迫清政府聲明不將海南島（瓊
州）讓與他國。

4 月，趙三多、閻書勤等在山東冠縣梨園屯
約集義和拳民 3000 餘人，亮拳比武。

山東臨清教會霸佔廟產改建教堂，引起群
眾憤恨，打死教民 3 人。

盛宣懷與比利時公司訂立《蘆漢鐵路借款
合同》。

6 月，四川崇慶州和彭山縣群眾分別焚毀當
地天主教堂。

7 月，大刀會眾五六百人攻打江蘇碭山縣譽

莊教堂。

10 月，慈禧壽辰在頤和園受賀。

11 月，鉅野教案發生。德國艦隊強佔膠州
灣，奪取青島炮台。

俄艦隊開進旅順灣，強佔大連。

1898

3 月，中德簽訂《膠澳租借條約》，膠州灣
成為德國租借地。

中俄訂立《旅大租地條約》，旅大地區成
為俄國租借地。

4 月，法國強迫清政府聲明不將「越南鄰近
各省」割讓與他國。

日本強迫清政府聲明不將福建省讓與他國。

清政府駐美公使伍廷芳與美國美華合興公
司在華盛頓簽訂《粵漢鐵路借款合同》。

5 月，中英訂立《滬寧鐵路借款合同》。

英國福公司與山西商務局訂立《山西採礦
敷設鐵路合同》。

6 月，清政府與英國訂立《展拓香港界址專
條》，九龍地區成為英國租借地。

光緒頒佈《明定國是》詔書，「戊戌變法」
開始。

朱紅燈領導的義和拳在山東長清縣等地打
擊洋教。

7 月，清政府與英國訂立《租借威海衛專
條》，威海地區成為英國租借地。

8 月，由孫家鼐主持的京師大學堂成立。

9 月，英德訂立《英德協定》，互相承認在
華勢力範圍。

光緒帝賞楊銳、劉光第、林旭、譚嗣同加
四品卿銜，軍機章京上行走，參與新政事宜。

光緒命林旭傳出密詔，康有為、林旭、梁
啟超等商議救帝之策。

譚嗣同夜訪袁世凱，勸袁助行新政，舉兵
殺榮祿，圍頤和園。袁偽應允。

21 日，慈禧宣佈「臨朝訓政」。

譚嗣同、林旭、劉光第、楊深秀、康廣仁、
楊銳死難，史稱「戊戌六君子」。

10 月，與英國滙豐銀行訂立《山海關外鐵
路借款合同》。

1899

3月，德軍侵佔山東日照，焚掠村舍。

4月，山東即墨王義訓聯絡大刀會豎旗聚眾，包圍教堂，聲言「滅耶穌、天主兩教」。

英俄訂立瓜分中國鐵路權益的協議。

5月，上海公共租界擴展。

張謇創辦的南通大生紗廠開工。

7月，康有為等在加拿大組織保皇會。

8月，山東紅拳會首領陳兆舉在山東濟寧、嘉祥、鉅野等地聚眾進行反教會活動，被清政府殺害。

9月，美國宣佈對中國實行「門戶開放」政策。

11月，中法訂立《廣州灣租借條約》，租期99年。

12月，美使康格照會總署，要求撤換山東巡撫毓賢。清廷以袁世凱署山東巡撫。

袁世凱就任後發佈《查禁義和拳匪告示》，堅決取締拳民運動。

1900

1月，慈禧太后立溥儁為大阿哥。

4月，山東巡撫袁世凱在山東鎮壓義和團。各國軍艦開到大沽口外。

5月，各國駐華公使照會總理衙門，要求嚴禁義和團。

6月，各國以保護使館為名派軍強行進入北京城。英國人西摩爾指揮外國軍隊從天津向北京進發，為義和團和清軍所阻，退回天津租界。

八國聯軍攻陷大沽口炮台。

清軍和義和團圍攻東交民巷使館區和西什庫教堂。

在劉坤一、張之洞的主持下，上海道台余

聯沅與各國駐上海領事會議，達成《東南保護約款》、《保護上海租界城廂內外章程》。

7月，八國聯軍佔領天津。

8月，八國聯軍攻進北京，大肆燒殺擄掠。慈禧太后與光緒皇帝一行匆忙逃離北京。慈禧任命奕劻、李鴻章為議和全權大臣。

9月，慈禧發佈剿滅義和團諭旨，各地大力剿滅義和團。

10月，俄軍佔領奉天，完成了對全部東北的佔領。

英軍佔領山海關。法德軍隊侵入保定。八國聯軍統帥瓦德西進據北京。

12月，八國聯軍設立北京管理委員會。

清廷接受列強對華提出的《議和大綱》。

1901

1月，清廷發佈變法上諭。

2月，清廷發佈罪己詔，最後全部接受列強條件，宣佈恢復原來被朝廷處死的兵部尚書徐用儀等五人官職。

4月，清廷宣佈成立「督辦政務處」，作為舉辦新政的「統匯之區」，以慶親王奕劻、大學士李鴻章、榮祿、王文韶等為督辦政務處大臣。

5月，清廷將總理各國事務衙門改為外務部，班列六部之首。

9月，清政府與列強11國簽定《辛丑條約》，被迫賠款4.5億兩白銀。

10月，劉坤一、張之洞會奏江楚變法三摺，條陳新政事宜。

11月，李鴻章病死，清廷命袁世凱署理直隸總督兼北洋大臣。

1902

2月，《新民叢報》在東京創刊。

4月，中俄訂立《交收東三省條約》，規定俄軍分期分批撤離中國東北。

章炳麟等在日本發起召開「支那亡國二百四十二周年紀念會」。

6月，實授袁世凱直隸總督兼北洋大臣。

8月，袁世凱從列強手裏接收天津。

12月，清廷正式向全國推廣北洋袁世凱、

湖北張之洞的練兵經驗。

是年，上海大隆機器廠開辦。

1903

1月，留日學生會館舉行新年團拜演說，宣傳反清。

2月，《浙江潮》在東京創刊。

3月，清廷正式設立商務部，作為「振興商務之地」，主管路、礦、工、商、農墾、畜牧等方面實業。

4月，俄國拒不從東北撤軍。東京留日學生和上海愛國學社召開拒俄大會，隨後成立拒俄義勇隊。

5月，黃興、陳天華等留日學生在東京成立「軍國民教育會」。

鄒容所著《革命軍》在上海出版。

6月，上海「《蘇報》案」發生。

7月，中東鐵路通車。

11月，黃興等在長沙成立革命團體華興會。

12月，清政府在京師設立練兵處，作為全國組建、訓練新軍的中央辦事機構。

1904

1月，孫中山在檀香山首次提出：驅除韃虜，恢復中華，創立民國，平均地權。

2月，日俄戰爭在中國境內爆發，清政府宣佈局外中立，並劃出交戰區和中立區。

6月，膠濟鐵路建成。

8月，英軍佔領拉薩。十三世達賴喇嘛向藏北逃亡。

清政府宣佈編練常備軍36鎮的計劃。

10月，孫中山在紐約發表《中國問題的真解決》一文，呼籲美國人民支持中國革命。黃興等在長沙發動起義失敗。

11月，蔡元培等在浙江成立革命團體光復會。

1905

5月，袁世凱宣佈練成北洋六鎮新軍。

上海總商會發起抵制美貨，全國掀起反美愛國運動。

7月，清廷決定派載澤、戴鴻慈、徐世昌、端方、紹英等五大臣，於9月分赴日、美、英、法、比、德、意、奧等東西洋各國考察一切政治，以為清廷將來實行憲政做準備。

8月，中國同盟會在日本東京召開成立大會，以孫中山為總理，黃興為庶務，通過《同盟會總章》。

9月，清廷廢除科舉制度。

革命黨人吳樾在北京火車站炸傷考察政治五大臣，吳樾死難。

國家銀行（戶部銀行）開市。

10月，中國第一條自修鐵路京張鐵路開工。

11月，孫中山在東京《民報》創刊號上正式提出並闡明三民主義。

12月，留日學生八千餘人為反對日本文部省規定的留學生取締規則，發動總罷課。陳天華在東京投海自殺。

1906

2月，南昌教案發生。

武昌革命團體日知會成立。

4月，東京《民報》出版號外，與《新民叢報》論戰。

7月，江西吉安爆發反清起事。

日本違法改旅大租借地為關東州。

8月，考察憲政大臣奏請實行憲政。

9月，清廷批准考察憲政大臣報告，宣佈「仿行憲政」，隨後發佈改革官制上諭。

11月，清廷任命鐵良為陸軍部尚書，收回全國兵權。

12月，孫中山首次提出「五權憲法」設想。

萍瀏醴起義在湖南、江西交界地區爆發。

1907

1月，秋瑾主編的《中國女報》在上海創刊。楊度主編的改良派刊物《中國新報》創刊。

2月，康有為將保皇會改組為國民憲政會。

4月，《神州日報》在上海創刊，于右任為社長。

5月，中國同盟會發動廣東潮州黃岡起義。奉天、吉林、黑龍江設行省。

6月，中國同盟會發動廣東惠州七女湖起義。

7月，徐錫麟、秋瑾分別在安慶、紹興發動起義，失敗後，徐、秋死難。

第一次《日俄密約》簽訂，日俄在中國東北劃分勢力範圍線。

8月，張百祥、焦達峰等在日本東京成立共進會。

9月，同盟會在廣東欽州、廉城、防城起義。

10月，清廷命各省籌設諮議局。

11月，北洋灤州煤礦公司成立。

12月，同盟會在廣西鎮南關（今友誼關）發動起義。

1908

2月，盛宣懷組織漢冶萍煤鐵廠礦有限公司。

3月，黃興發動廣東欽州起義。

4月，同盟會發動雲南河口起義。

7月，預備立憲公會發出通電，請開國會。

清政府公佈《資政院章程》、《諮議局章程》。

8月，清廷頒佈《欽定憲法大綱》。

9月，達賴喇嘛自五台山來北京。

10月，東京警視廳封禁同盟會機關報《民報》。

11月，光緒皇帝、慈禧太后死，溥儀即位，改元宣統，醇親王載灃攝政。

熊成基在安慶發動馬炮營反清起義。

12月，武昌羣治學社成立。

1909

1月，清廷罷斥袁世凱，皇室掌握兵權。京漢鐵路管理權由比利時人手中收回。

3月，清廷重申「預備立憲」。

4月，孫武在武昌設立共進會湖北分會。

5月，《民呼日報》創刊於上海，旋被封。

6月，湘鄂境內粵漢、鄂境川漢鐵路借款草合同訂立。

9月，京張鐵路築成。

10月，同盟會在香港成立南方支部。

12月，孫中山在紐約成立同盟會紐約分會。

1910

1月，請願國會代表團向都察院遞交請願書。

2月，同盟會發動廣州新軍起義。

光復會在東京重組，以章炳麟、陶成章為正副會長。

清軍進入拉薩，達賴喇嘛逃入印度。

3月，孫中山在美國舊金山成立美洲同盟總會。

4月，長沙發生搶米暴動。浙江、河南、雲南、江蘇、湖北均有起事。

8月，日本宣佈吞併朝鮮。

9月，武昌革命黨人成立革命團體振武學社。

10月，《民立報》在上海創刊。

11月，孫中山在檳城（檳榔嶼）秘密召開國內外各地同盟會員會議，決定在廣州再謀大舉。

清廷發佈上諭，將預備立憲期限由九年縮短為五年。

12月，詹大悲等以《商務報》被封，在漢口創辦《大江報》。

1911

1月，武昌革命團體文學社成立，以蔣翊武為會長。

4月27日，黃興領導第二次廣州起義，史稱黃花崗起義。

5月，清廷組織「皇族內閣」，以奕劻為總理大臣。

清政府頒佈鐵路國有政策，任命端方為督辦粵漢、川漢鐵路大臣，強行將鄂、粵、川、湘四省鐵路收歸國有，並與四國銀行團簽訂《湖北湖南兩省境內粵漢鐵路、湖北省境內川漢鐵路借款合同》，借款總額為 600 萬英鎊。

6月，保路運動掀起。

7月，宋教仁等在上海成立同盟會中部總會。

8月，成都各界掀起罷市罷課保路鬥爭。

9月，四川保路運動進入高潮，四川總督趙爾豐製造「成都血案」。

四川保路同志軍起義。清廷派端方率兵入川鎮壓。

10月10日，武昌起義爆發，次日湖北軍政府成立，以清軍協統黎元洪為都督。

12，清廷令陸軍大臣蔭昌前往武昌鎮壓起義。

14日，清廷任袁世凱為湖廣總督，袁以「足疾」不就。

湖南、陝西、山西、雲南、江西等省宣佈脫離清廷獨立。

11月1日，皇族內閣辭職，袁世凱任內閣總理大臣。

3日，上海、貴州、浙江、江蘇、廣西、福建、安徽、廣東在一週內相繼獨立。

27日，四川獨立。

清軍攻陷漢陽。

12月1日，湖北軍政府與袁世凱簽定停戰協議。

2日，江浙聯軍攻克南京。

18日，「南北和談」在上海英租界進行。

25日，孫中山自海外歸來，抵上海。

1912

1月1日，孫中山在南京就任中華民國臨時大總統，宣佈中華民國誕生。隨即成立南京臨時政府，以黎元洪為副總統。

南京臨時參議院成立。

2月，袁世凱通電贊成共和。宣統皇帝發佈退位詔書。

孫中山表態願意辭職。臨時參議院選舉袁世凱為臨時大總統。

袁世凱在北京製造兵變，避免南下就職。

3月，袁世凱在北京就任臨時大總統。

南京臨時政府頒佈《中華民國臨時約法》。

袁世凱任命唐紹儀為國務總理。

4月1日，孫中山辭職。

南京臨時參議院議決臨時政府北遷。

5月，共和黨成立。

上海江南船塢改稱江南造船所，由海軍部接管。

6月，撤銷南京留守府，黃興被解職。

唐紹儀辭國務總理，陸徵祥接任。

7月，宋教仁、蔡元培等同盟會閣員辭職。

第三次《日俄密約》簽訂，再次劃分兩國在東北勢力範圍。

8月，同盟會改組為國民黨，孫中山為理事長。

9月，袁世凱授黃興、黎元洪、段祺瑞為陸軍上將，授孫中山以籌劃全國鐵路全權。

臨時參議院議決10月10日為中華民國國慶日。

1913

1月，發佈正式國會召集令及各省定期召集議會令。

公佈《劃一現行各省地方行政官廳組織令》，裁府留縣，改知縣為縣知事。

津浦鐵路全線通車。

3月，宋教仁在上海火車站被暗殺。

4月，袁世凱解散臨時參議院，第一屆正式國會開幕。

北京政府未經國會討論，與英、法、德、俄、日五國銀行團簽訂 2500 萬英鎊「善後大借款」合同。湖北等 16 省議會及安徽都督柏文蔚、江西都督李烈鈞通電反對。

巴西、秘魯政府正式承認中華民國。

5月，袁世凱任命段祺瑞為代理國務總理，組成戰時內閣。

袁世凱政府批准「善後大借款」，各地各

界羣眾因宋案和大借款事件，紛紛抗議北京政府。

進步黨成立，以黎元洪為理事長。

美國、墨西哥承認中華民國。

6月，袁世凱下令免去李烈鈞、胡漢民、柏文蔚三都督職務。

7月12日，李烈鈞在江西湖口成立討袁軍總司令部，江西獨立。「二次革命」爆發。黃興在南京組成江蘇討袁軍。安徽、上海、廣東、福建、湖南先後宣佈獨立。

8月，南昌、蕪湖失陷，江西、安徽討袁軍失敗。

9月，南京失陷，江蘇討袁軍失敗，「二次革命」結束。

10月，袁世凱以軍警數千人包圍國會，強迫國會選舉自己為正式大總統。

12月，袁世凱下令召集政治會議，以李經羲為會長。

1914

1月，袁世凱宣佈解散國會。

2月，袁世凱命令解散各省省議會。

5月，袁世凱廢止《臨時約法》，頒佈《中華民國約法》。

6月，沙俄出兵侵佔外蒙唐努烏梁海地區。

7月，孫中山在東京成立中華革命黨。

8月，白朗軍敗於河南，白朗死難。

9月，日本對德宣戰，日軍強行在山東登陸。

11月，日軍佔領青島。

1915

1月，日本正式向袁世凱政府遞交妄圖滅亡中國的「二十一條」。

3月，中華革命黨揭露「二十一條」交涉真相。日軍侵佔瀋陽。

5月，袁世凱正式接受除第五條以外的「二十一條」其他各條。

6月，《中俄蒙協約》簽定。庫倫活佛宣告取消外蒙古獨立。

8月，袁世凱的法律顧問古德諾發表《共和與君主論》，認為共和制度不適宜中國，為袁世凱的復辟製造輿論。

楊度等在北京發起成立籌安會，以楊度為會長。

9月，所謂公民請願團請求變更國體，支持
袁世凱稱帝。
中華革命黨在東京集會反對袁世凱復辟帝
制。
《新青年》在上海創刊，陳獨秀任主編。
10月，參政院議定召開國民代表大會決定
國體。
袁世凱公佈《國民代表大會選舉法》。
11月，在袁世凱操縱下，各省國民代表大
會「全體贊成」帝制。
12月，參政院以全國國民代表大會總代表
名義向袁世凱上推戴書。
袁世凱接受帝位，在居仁堂接受百官朝賀，
宣佈改明年為「洪憲元年」。
蔡鍔、唐繼堯聯名宣佈雲南獨立，通電武
裝討袁。

1916

1月，雲南宣佈恢復雲南都督府，組成護國
軍總司令部。
蔡鍔率雲南護國軍第一軍從昆明出發討袁。
2月，李烈鈞率護國軍第二軍從昆明出發討
袁。

3月，廣西宣佈獨立。
袁世凱宣佈撤消承認帝制案，隨即廢止洪
憲年號。
4月，參政院撤消國民總代表名義及君主國
體案。
袁世凱任命段祺瑞為國務卿，組織責任內閣。
5月，孫中山發表討袁宣言。
6月，袁世凱抑鬱而死。黎元洪就任大總統。
孫中山通電促請「規復約法，恢復國會」。
黎元洪宣佈遵守《臨時約法》，任段祺瑞
為國務院總理。
7月，黎元洪宣佈各省民政長改稱省長，任
命了四川省長蔡鍔等各省省長。
8月，國會恢復，黎元洪在國會宣誓就任大
總統。

9月，張勳在徐州組成十三省區聯合會。
10月，黃興在上海病逝。
11月，蔡鍔在日本病逝。
天津法租界中國工人為反對法國侵佔老西
開地方，舉行罷工、遊行示威。
上海江南造船廠全體工匠罷工。
政學會在北京成立。

1917

1月，段祺瑞往晤徐世昌，決心解散國會。
胡適在《新青年》雜誌發表《文學改良芻議》
一文。
2月，陳獨秀在《新青年》雜誌發表《文學
革命論》一文。
副總統馮國璋入京調停黎、段之爭。
3月，北京政府宣佈對德絕交。收回漢口、
天津的德國租界。

4月，湖南常寧水口山礦工罷工。
5月，北京政府免段祺瑞國務總理，任命李
經羲為國務總理。
張勳召集督軍團開第四次徐州會議，會上
討論了復辟問題。
哈爾濱、上海等地工人、學生隆重紀念
「五一」國際勞動節。
6月，張勳率辮子軍自徐州北上。
黎元洪被迫解散國會，並通電全國承認違
法。旅滬國會議員以解散國會命令違背約
法，聲明無效。
7月，張勳等擁清廢帝在北京宣告復辟。
黎元洪電各省討賊，馮國璋、段祺瑞宣佈
率師討逆。
討逆軍進入北京，張勳逃入荷蘭駐京公使
館。
黎元洪通電去職。
旅津國會議員通電擁護約法。
孫中山乘軍艦由上海抵廣州，南下護法。
海軍發佈護法宣言。
8月，馮國璋抵京就任代理總統。14日，
北京政府對德、奧宣戰，中國參加第一次
世界大戰。
南下國會議員在廣州開非常國會，決議組
織中華民國軍政府。

9月，廣州非常國會選舉孫中山為海陸軍
大元帥。
湖南宣佈與段政府脫離關係。
10月，湖南寶慶宣告獨立。
以程潛為總司令的護法軍湘南總司令部成
立。
孫中山在廣州召開軍事會議，討論援湘攻
閩等事。
中華民國軍政府大元帥孫中山頒令討伐段
祺瑞。
南北兩軍在衡陽一帶激戰。
11月，四川西昌、綏定獨立。陝西護法軍
在白水成立。浙江寧波、溫州、處州、紹興、
台州、分別獨立。
唐繼堯率滇黔聯軍自昆明啟程赴川，章炳
麟為總參議。
攻閩粵軍佔梅縣、揭陽。
美國、日本簽訂共同宰割中國的《蘭辛——
石井協定》。
上海《民國日報》刊載俄國十月革命成功
消息。
12月，滇黔聯軍攻佔重慶。熊克武宣佈參
與護法，與西南一致行動。

1918

1月，馮國璋致電南方各省，拒絕恢復舊
國會。
督軍團在天津開會，反對恢復舊國會。
南方護法各省聯名致電馮國璋，要求恢復
舊國會。
西南各省督軍等在廣州組織護法聯合會，
公佈《護法各省聯合會條例》。
馮國璋下達對西南「局部討伐令」。
南北兩軍在岳陽一帶激戰。
大連、哈爾濱、開封等地工人罷工。
2月，北京政府電令前線各軍將領停戰。

3月，馮國璋下令赦免除張勳以外的楊度、
康有為等所有洪憲帝制犯和復辟犯。
北軍佔領長沙、湘潭。
廣州非常國會議決6月在廣州召開正式國
會。段祺瑞出任國務總理。
4月，北軍佔領衡陽。

毛澤東在湖南長沙組織新民學會。

5月，上海各界工人罷工。

廣州非常國會通過《修正軍政府組織法》。

孫中山通電辭大元帥職，然後經汕頭轉道赴日本。

《新青年》發表魯迅小說《狂人日記》。

6月，廣東舉行正式國會（又稱護法國會）開幕式。

上海南市攤戶罷市。長沙、鞍山工人罷工。

7月，農商部呈准組織龍煙鐵礦公司。

南洋兄弟煙草公司遷上海，改組為南洋兄弟煙草有限公司。

8月，馮國璋通電辭總統職。

安福國會在北京開幕。

廣東軍政府政務會議通電反對安福國會選舉大總統。

9月，北京安福國會選舉徐世昌為大總統。

南北兩軍將領聯名通電主和。

10月，徐世昌就大總統職，旋發佈和平令。

《新青年》發表李大釗《庶民的勝利》與《Bolshevism的勝利》兩文。

11月，北京政府、廣東軍政府先後發佈停戰令。

北京大學學生團體新潮社成立。

12月，北京政府參加巴黎和會專使啟程赴歐。

北京政府和廣東軍政府確定議和代表。

徐世昌任錢能訓為國務總理。

《每週評論》創刊。

1919

1月，北京大學學生出版物《新潮》創刊。

北京政府錢能訓內閣改組，廣州軍政府改稱廣州護法政府。

2月，全國和平聯合會致電出席巴黎和會各國政府首腦，誓死拒絕「二十一條」。

北大學生和各省旅京人士致電巴黎和會中國代表，要求取消歐戰後中日所訂一切條約，德國在山東權益應歸還中國。

3月，留法勤工儉學學生分批離滬赴法。

北京、上海、瀋陽、杭州、漠河等地工人罷工。

4月，《每週評論》刊載《共產黨宣言》節譯本。

北京政府訓令巴黎和會中國首席代表陸徵祥，否認五國共管山東利權。

5月，北京爆發五四運動。北京、上海學生聯合會成立。

北大校長蔡元培因北京政府下令懲辦愛國學生，辭職赴上海。

《新青年》出版馬克思主義研究專號。李大釗發表《我的馬克思主義觀》。

6月，北京軍警鎮壓學生運動，全國各大城市罷工罷市支援學生運動，中國代表拒簽巴黎和約。

上海實行罷市、罷工、罷課，聲援愛國學生運動。

陳獨秀、李大釗等散發《北京市民宣言》，陳獨秀遭捕。

7月，由李大釗、王光祈發起組織的少年中國學會成立。

毛澤東創辦《湘江評論》。

胡適在《每週評論》第31號發表《多研究些問題，少談些主義》。

蘇維埃政府發表第一次對華宣言，宣佈廢除沙皇俄國同中國簽訂的不平等條約，廢除俄國在中國的特權。

8月，孫中山指派朱執信、廖仲愷等人在上海創辦理論刊物《建設》雜誌。

9月，周恩來組建覺悟社。

10月，孫中山改組中華革命黨為中國國民黨。

11月，庫倫當局正式宣佈取消外蒙獨立。

是年，燕京大學在北京成立。

1920

1月，北京政府通令取締學生、市民集會遊行。

2月，惲代英、董必武、陳潭秋等在武昌組織利羣書社。

3月，北京大學「馬克思學說研究會」正式成立。

4月，蘇維埃政府宣佈放棄前沙俄在華一切權益。

上海社會主義研究社出版陳望道翻譯的《共產黨宣言》中文全譯本。

7月，直皖戰爭爆發，直系軍閥接管北京政權。

8月，馬克思主義研究會的骨幹成員在上海《新青年》編輯部成立中國共產黨，參加者推陳獨秀為書記。

9月，《新青年》雜誌第8卷第1期出版，該刊自此成為中國共產黨的公開刊物。

10月，瞿秋白以北京《晨報》記者名義赴蘇俄採訪。

北京大學授予杜威哲學博士。

李大釗、張申府、張國燾等在北京大學圖書館李大釗辦公室成立「共產黨小組」，李大釗總負責。年底，共產黨小組改名為「共產黨北京支部」，李大釗任書記。

11月，毛澤東、何叔衡等在長沙組建了湖南共產黨組織，主要成員是新民學會中的先進分子。

12月，孫中山改組廣州軍政府為中華民國軍政府。

1921

1月，孫中山建議仿南京臨時政府在廣州建立正式政府。

2月，上海法國巡捕查封《新青年》雜誌社。

3月，香港中華海員工業聯合總會成立，蘇兆徵、林偉民分任正、副會長。這是中國最早的現代工會組織之一。

4月，廣州非常國會召開會議選舉孫中山為非常大總統。

6月，孫中山首次接到蘇俄外交人民委員齊契林來函，建議建立中俄友好關係。

第三國際在莫斯科舉行第二次大會，中國共產黨派張太雷參加會議。

7月，中國共產黨第一次全國代表大會在上海舉行。

8月，中國勞動組合書記部在上海成立，它是中共領導工人運動的總機關。

9月，《國際歌》由鄭振鐸和耿濟之譯成中文。

10月，孫中山著《實業計劃》，在國內出版。

11月，孫中山在桂林誓師北伐。
華盛頓會議開幕。中國全權代表施肇基、顧維鈞、王寵惠出席。

1923

1月，孫中山發表《中國國民黨宣言》。
《孫文越飛宣言》發表，聯俄政策確立。
共產國際執委會通過《關於中國共產黨與國民黨合作的決議》。

曹錕為賄選總統，給每位議員發送津貼200元。
2月，京漢鐵路總工會在鄭州成立，成立大會遭到軍警阻撓與鎮壓。
二七慘案發生。林祥謙在漢口江岸車站就義，此後大律師施洋就義。
張君勱在《清華週刊》發表《人生觀》演講稿，引發了知識界有關科學與人生觀的大討論。
3月，廣州陸海軍大元帥府成立，孫中山任陸海軍大元帥。
4月，陳獨秀發表《資產階級革命與革命的資產階級》一文。
6月，中共召開第三次全國代表大會，通過《關於國民運動及國民黨問題的議決案》，確定同以孫中山為首的中國國民黨建立統一戰線，共產黨員以個人身分加入國民黨。在直系軍閥壓迫下，北京政府大總統黎元洪走天津。
8月，孫中山派以蔣介石為團長的訪問蘇俄代表團，為改組國民黨做準備。
9月，日本關東發生大地震。中國紅十字會代表率領救護隊到日本救災。
加拉罕率「蘇維埃社會主義共和國聯盟特派駐華全權代表團」訪華，發表第三次對華宣言。
10月，蘇聯派出幫助國民黨改組的鮑羅廷顧問到達廣州。
直系軍閥曹錕通過賄選成為大總統。
12月，中國青年黨成立。
孫中山發表演說，指出中國革命必須以俄為師。

北京學生聯合會、馬克思學說研究會等團體在北京大學舉行遙祭列寧大會，馬敍倫擔任主席，5000人出席。
孫中山在廣州國立高等師範學校開始系統演講三民主義。
2月，中國共產黨召開全國鐵路工人代表大會，正式成立全國鐵路總工會。
3月，何香凝在廣州主持召開中國第一次慶祝「三八」婦女節大會，提出打倒帝國主義、封建主義、爭取婦女解放口號。
5月，國民黨中央執行委員會通過組織農民運動委員會案。
北京政府代表顧維鈞與蘇聯政府代表正式簽訂《中俄解決懸案大綱協定》及《暫行管理中東鐵路協定》。
6月，黃埔軍校正式開學。孫中山兼任總理，蔣介石為校長，廖仲愷為黨代表。
商務印書館刊行瞿秋白所著《赤都心史》一書。該書為最早記述蘇聯的著作。
7月，中國國民黨成立中央政治委員會。
反帝國主義同盟在北京成立。
中共在廣州開辦農民運動講習所。
廣州沙面數千工人舉行罷工，反對英法帝國主義「不准中國人自由出入租界」的「新警律」。
外蒙古宣告成立「蒙古人民共和國」，公佈憲法，北京政府駐蘇大使向蘇聯政府提出抗議。
8月，台灣蔡培火等因組建台灣議會期成同盟會被日本以違治安警察法提起公訴。
9月，爆發第二次直奉戰爭。
10月，直系將領馮玉祥在前線倒戈，佔領北京，大總統曹錕下台。
廣州政府軍平定廣州商團叛亂。
11月，北京組成中華民國臨時執政府，段祺瑞任臨時執政。
清廢帝溥儀被逐出故宮。
周恩來出任黃埔軍校政治部主任。
12月，孫中山應馮玉祥之邀到達北京商談國是。

1922

1月，孫中山以青天白日滿地紅旗作為國旗，在桂林大本營舉行升旗儀式。
張國燾、王燼美、瞿秋白等出席共產國際在莫斯科召開的遠東各國共產黨及民族革命團體第一次代表大會。列寧接見中共代表團談及國共合作問題。
漢口江岸京漢鐵路工人俱樂部成立。
2月，中日簽訂《解決山東懸案條約》。
3月，香港工人總罷工。
4月，直奉戰爭爆發。
5月，孫中山在韶關誓師北伐。
第一次全國勞動大會在廣州召開。
中國社會主義青年團在廣州成立。
6月，粵軍總司令陳炯明炮轟孫中山非常大總統府。
北京政府大總統徐世昌被迫下野，直系軍閥擁黎元洪復位。
趙世炎、張申府、周恩來等在巴黎近郊區成立旅歐中國少年共產黨。
中共中央第一次發表《對時局的宣言》，主張用革命的手段，打倒軍閥，與國民黨等革命黨派和其他社會主義團體，共同建立民主主義的聯合戰線，同封建軍閥繼續鬥爭。

8月，長辛店鐵路工人大罷工。
中共中央執行委員會在杭州西湖舉行全體會議，討論了共產黨員以個人資格加入國民黨問題。李大釗、陳獨秀等先後加入國民黨，邁出第一次國共合作的第一步。
9月，粵漢鐵路工人大罷工，安源路礦工人大罷工。
10月，山海關京奉鐵路工人大罷工，開灤煤礦工人大罷工。
11月，粵漢鐵路總工會成立。
12月，滇、粵、桂聯軍討伐陳炯明。

1924

1月，中國國民黨召開第一次全國代表大會，確定聯俄、聯共、扶助農工三大政策。李大釗參加大會領導工作。中共黨員進入國民黨領導機構。

1925

1月，中共在上海舉行第四次全國代表大會。大會選舉陳獨秀為中央總書記。
中國社會主義青年團第三次全國代表大會在上海召開，會後更名為「中國共產主義青年團」。張太雷任團中央總書記。
中國社會黨更名為中國社會民主黨，江亢虎為總理，總部設於北京。
2月，段祺瑞在天津召開善後會議，孫中山命國民黨員拒絕出席。
3月，孫中山在北京病逝。蘇聯共產黨中央委員會致國民黨中央執委會唁電，哀悼

孫中山逝世。共產國際就孫中山逝世發表《致中國人民大眾書》，呼籲中國人民把孫中山開創的革命事業繼續下去。中共中央發表《為孫中山之死告中國民眾書》。

4月，中國共產黨領導青島日資紗廠一萬多工人舉行大罷工。

5月，中華全國總工會在廣州成立。

上海五卅慘案發生。

國民黨第三次中央執委會全體會議，發表接受孫中山遺囑宣言。

6月，香港、廣州爆發省港工人大罷工。

北京各界20萬人在天安門召開對英、日帝國主義慘殺同胞雪恥大會。

7月，中華民國國民政府在廣州宣告成立，汪精衛為主席。

8月，中國國民黨中央執行委員廖仲愷在廣州被暗殺。

國民政府軍事委員會議決編組國民革命軍。

中國致公黨成立。

10月，毛澤東代理中國國民黨中央宣傳部部長一職。

11月，國民黨「西山會議派」在北京西山召開反共會議。

12月，國民革命軍第二軍司令部出版的《革命》半月刊發表毛澤東《中國社會各階級的分析》。

1926

1月，國民黨二大在廣州召開，會議決定進一步貫徹執行「聯俄、聯共、扶助農工」的三大政策。

奉系軍閥張作霖在瀋陽宣佈東三省獨立。

3月，蔣介石製造「中山艦事件」。

段祺瑞在北京執政府門前製造「三·一八」慘案。

4月，國民黨中央、國民政府推選譚延闓為政治委員會主席，蔣介石為軍事委員會主席。

國民政府發表對內宣言，主張打倒段祺瑞。

北京發生政變，段祺瑞逃往東交民巷使館區，「執政府」結束。

5月，國民黨在廣州召開二屆二中全會，通過蔣介石提出的《整理黨務案》等議案，旨在限制共產黨活動。

6月，廣州國民政府設立國民革命軍總司令部，蔣介石任總司令。

7月，廣州國民政府舉行北伐誓師典禮。

10月，國民革命軍攻克武昌。

上海工人爆發第一次武裝起義。

12月，張作霖進入北京，組織安國軍總司令部，自任總司令。

1927

1月，中華民國國民政府定都武漢。

2月，國民政府收回漢口、九江租界。

上海工人舉行總罷工。總罷工發展成為第二次武裝起義。

3月，毛澤東發表《湖南農民運動考察報告》。

上海工人舉行第三次武裝起義，佔領上海。

北伐軍佔領南京。

國民黨中央宣傳部主辦的《中央日報》在漢口出版。

4月，蔣介石宣佈南京戒嚴，並解散國民革命軍總政治部。

12日，蔣介石在上海發動反革命政變。

蔣介石在南京宣佈成立「國民政府」。

中共中央發表《中國共產黨為蔣介石屠殺革命民眾宣言》。

李大釗在北京被奉系軍閥殺害。

5月，南京國民黨中央常務委員會制定清黨原則。

中共海陸豐地委在海豐、陸豐發動起義，分別成立兩縣臨時人民政府。

蔣渭水、蔡培火等在台灣成立台灣民眾黨。

6月，張作霖在北京中華民國軍政府，自任陸海軍大元帥。

7月，汪精衛在武漢發動反共政變。

8月1日，周恩來等發動南昌起義。

中共中央在漢口舉行緊急會議，撤銷陳獨秀的領導職務。

蔣介石辭去國民革命軍總司令，宣佈下野。

武漢國民政府遷都南京。

9月，毛澤東在湘贛邊發動秋收起義。

10月，國民黨內爆發寧漢戰爭。

11月，宋慶齡、鄧演達等以中國國民黨臨時行動委員會名義發表《對中國及世界革命民眾宣言》，聲明繼承孫中山，堅持反帝反封建鬥爭。

中共在湖北黃安、麻城發動秋收起義。

12月，國民黨內爆發兩廣戰爭。

中共廣東省委書記張太雷發動廣州起義，成立廣州蘇維埃政府。戰鬥中張太雷犧牲。

1928

2月，國民政府指定蔣介石為軍委會主席兼國民革命軍第一集團軍總司令。

以寧岡為中心的井岡山革命根據地初步形成。

4月，朱德、毛澤東在井岡山會師。

劉志丹等領導渭（南）華（縣）起義，建立西北工農革命軍。

台灣共產黨（日本共產黨民族支部）在上海召開第一次代表大會。

5月，日軍在山東製造濟南慘案。

6月，國民政府發表統一宣言，堅持反共，對外謀求「邦交之親睦」。

日本關東軍在瀋陽附近製造皇姑屯事件，炸死奉系軍閥首領張作霖。

中共第六次全國代表大會在莫斯科召開。

蔡元培在上海主持召開中央研究院第一次院務會議，宣告正式成立。

9月，《大眾文藝》月刊創刊，郁達夫主編。

10月，國民政府改組，蔣介石任國民政府主席。

11月，中央銀行在上海成立，資本總額2000萬銀元。總裁宋子文。

12月，張學良發表東北易幟通電。

中國人常說，千里之行，始於足下。但，對於我這樣一名攝影記者而言，為紀念辛亥革命一百周年而邁出的第一步卻着實不易 —— 若是沒有周圍人的支持與鼓勵，我的勇氣或許在踏上這一旅程之前便消失了。彼時，我正忙於自己早期著作《中國：1976—1983》中文版的出版。我無意間向我的出版人吳興元先生提起以出版影像集的形式來紀念辛亥革命。不料，他立刻響應了這一創意。他深知這一工程研究範圍巨大，親自草擬了圖書策劃案，而這本應是作者的職責。不論以何種標準來衡量，這都不是一個普通的圖書工程，因為不僅要有龐大的資源來支撐如此廣泛的研究，還要能夠獲得照片的使用權。王建琪先生是中華世紀壇世界藝術館所屬北京歌華文化發展集團的董事長，他很快想到這個項目與該藝術館有着相同的願景，即為地方觀眾展示世界上重要的藝術成果和歷史文明。1911 年的辛亥革命不僅終結了中國兩千年的王朝統治，還建立了亞洲第一個共和國。對世界歷史而言，其重要性不言而喻。

調查研究、收集照片、準備出版材料及策劃展覽等工作皆始於 2010 年秋。對於吳興元先生和王建琪先生迅速將其納入出版和展覽計劃，並投入許多精力，提出不少真知灼見，我深表謝意。本書調查研究伊始，中華世紀壇世界藝術館副館長馮光生先生、辦公室主任周圍、編輯蔣海梅就努力爭取使之在全國各地的博物館展出。最終，有十餘家地方博物館答應在 2011 年秋舉辦展覽。在世界圖書出版公司副總經理張躍明的領導下，此書的出版工作得以有條不紊的迅速有效展開。由董良、云逸、馬春華、鄧汝、陳草心、張鵬和楊寧等組成的工作團隊為出版這部內容豐富的影集的編輯、製作和印刷做了大量細緻的工作。高磊為本書提供了專業的影像技術支持。澳洲翻譯家陶步思（Bruce Doar）、馮國雄、陳西帆、李旭影、魏文斌、陳萍萍等為本書中文版與英文版的中翻英或者英翻中承擔了高質量的翻譯工作。在此，還要感謝中國出版集團總裁聶震寧先生，世界圖書出版公司總經理李峰，香港聯合出版集團總裁陳萬雄，商務印書館（香港）有限公司總經理陸國燊、總編輯毛永波，台灣五南圖書出版股份有限公司董事長楊榮川、總經理楊士清、總編輯王翠華對本書大陸版、香港版、台灣版給予的大力支持。

整整一年裏，若是沒有我的助理徐江玲和孟令華的全心投入，這個工程也不會實現。徐江玲妥當地為我安排了緊鑼密鼓的旅行，有條不紊地與日本、澳大利亞、美國、英國、法國、意大利、德國等國，以及昆明、青島、南京、上海、北京等中國城市的檔案館或學院保持溝通。此外，她還不辭辛苦地幫我核查每一幅照片的史實和拍攝日期等細節。由於許多照片拍攝在近 160 年前，很遺憾，本書中的有些照片，我們只能盡己所能提供最接近的拍攝時間。孟令華負責將照片存檔，紀錄信息來源，錄入所有相關的數據，工作量很大。他還對圖像工作室的工作加以把關，工作室花費了數千個小時給照片修飾、調色和調整尺寸以滿足展出要求。他不僅要操作兩台電腦，以確保在潤飾過程中這些原始照片的風貌能夠完整地保留下來，同時面對我一而再、再而三的要求，自始至終他都展現出極大的耐心。

在本書的成書過程中，凱倫·史密斯女士提出許多極富見地的建議。她是英國知名的藝術史學家，長於中國現代藝術史，同時也是我《上海：1842—2010，一座偉大城市的肖像》一書的共同編輯。她給本書序言所提的意見，使那些可能不太熟悉中國歷史的讀者更容易理解其中所講的內容。

若沒有來自友人、以前的同事以及一些甚至素未謀面者的熱情幫助，我無法承擔規模如此巨大的工程。這些研究者為我奠定了堅實的基礎，並提供給我珍藏影集的各種機構的線索。國家圖書館出版社的編輯殷夢霞負責出版過兩卷英國藏中國歷史照片的圖書，很早就給我提供了眾多參考書目以及相關博物館負責人的聯繫方式。她的同事王燕來也幫助我搜尋紫禁城出版社的參考書目。邁克·泰勒（Mike Theiler）是一位卓有天分、成就斐然的攝影家，他放下自己的日常工作，從住地華盛頓趕來幫助我。菲爾米安·馮·佩斯（Firmian von Peez）是供職於不萊梅非政府組織的專家，他遍訪德國的博物館，把復印的照片郵寄給我，每個包裹中都夾寄一張明信片或是用中文手寫的便條。在倫敦工作的埃麗卡·萊德曼（Erika Lederman）去牛津大學皮特利弗斯博物館中拍攝了不少檔案，她是倫敦維多利亞與艾伯特博物館的影像專家，在倫敦幫我一起查閱了這些照片。馬克斯·漢密爾頓（Max Hamilton）及其父彼得·漢密爾頓（Peter Hamilton）為我打開巴黎天主教學院的大門。到東京後，我在下榻的酒店與退休不久的朝日新聞社前總編船橋洋一先生會面，他提出了相當多的見解和指導。任日本共同通訊社國際新聞部主管的岡田充先生將我介紹給了他負責照片檔案的同事。英國倫敦的維多利亞與艾伯特博物館為了本工程而翻拍費利斯·比托（Felice Beato）許多極為珍貴的照片，博物館副館長馬克樂（Beth McKillop）女士在與攝影部的館員確認工作進度之後，親自將照片快遞給我。在坐落於美國 905 號高速公路以北美麗的洛杉磯蓋蒂博物館內，其照片館長弗朗西斯·多帕克（Frances Terpak）女士帶我查閱了不同的檔案；在某個週六的晚上九點，她還為我協調安保人員，讓我入館取回先前由於看到檔案喜出望外而遺落的物品。唐音璇女士不僅載我去蓋蒂博物館取回東西，還在宴請我時給我講她祖父唐繼堯的故事：袁世凱謀求稱帝後，治理雲南的唐繼堯將軍領導了武裝反袁的運動；有十八個省的總督在袁世凱暴露政治野心後選擇了沉默，唯獨唐書璇的祖父例外。我不僅要感謝她的幫助，還感謝她給我上了一節中國歷史課。倘若袁世凱如願稱帝，歷史將是另外一番景象。

在我追尋薛蠻子先生所有的中日甲午戰爭的孤本影集時，筆名為秦風的台灣前新聞工作者徐宗懋及他在北京的精明能幹的同事徐家寧給我指點與幫助。但他們的慷慨決非僅限於此 —— 徐宗懋還提供給我們蝕刻銅版畫（historical etchings）、照片和舊報紙的封面。徐家寧協助核實圖片信息及相關圖説。埃馬紐埃爾·波利亞克（Emmanuelle Pollack）慨允在復活節當日會見我，帶領我了解法國複雜的博物館體系，還幫我獲得一睹位於巴黎布倫的阿爾貝·肯恩博物館館藏照片的機會。在香港，故友陳婉瑩不顧旅途勞頓，從機場徑直來找我，帶我參觀了香港大學博物館。在北京工作的曼努埃拉·帕里諾（Manuela Parrino）是一位人脈廣泛的意大利記者，在米蘭她竟為我打斷一位神甫每日必行的午睡，讓我看到南懷謙（Father Leone Nani）神父拍攝的照片。

為本工程所做的大量調查研究以及由此獲得的照片，來源於一大批博物館、學院和圖書館。我要感謝每一位對於我們的研究和探索提供了幫助的人。在審核照片的拍攝日期、註解和背景時，我總是盡可能廣泛地向專家學者請

致謝

教。然而，本書中出現的錯誤，一概由我負責。在此，謹以姓氏字母為序列出我要致謝的人：

Martin Barnes，資深攝影策展人，維多利亞與艾伯特博物館（英國倫敦）；Rachel Bauer，視聽服務行政管理，斯坦福大學胡佛研究所（美國斯坦福）；Christine Bertoni，碧波地・埃塞克斯博物館菲利普圖書館（美國馬薩諸塞州）；Hartmut Bickelmann，德國不萊梅市檔案館（德國）；Mike Bruhn，國際業務發展主管，中國嘉德國際拍賣有限公司（中國北京）；呂敏（Marianne Bujard），法國遠東學院北京中心研究員（中國北京）；曹儉，北京晶麗達影像技術有限公司董事長（中國北京）；Diana Carey，施萊辛格圖書館（美國坎布里奇）；Edward M. Carter，美國國家檔案館（美國華盛頓）；Martina Caspers，德國聯邦檔案館（德國科布倫茨）；陳特明，辦公室主任，上海市歷史博物館（中國上海）；Jeffrey Cody，蓋蒂研究中心（美國洛杉磯）；Marie-Louise Collard，圖片研究員，英國倫敦維爾康姆圖書館（英國倫敦）；Jill Collins，公共事務與文化顧問，澳大利亞駐華大使館（中國北京）；Megan Ó Connel，複製服務，杜克大學特藏圖書館（美國達勒姆）；Sheila Connor，哈佛大學阿諾德植物園圖書館（美國波士頓）；Cheya Cootes，圖書管理員，新南威爾士州州立圖書館（澳大利亞悉尼）；鄧攀，徵集研究處副處長，中共南京市委黨史工作辦公室（中國南京）；杜德瑞（Darrell Dorrington），館藏發展協調員及中韓信息存取，澳大利亞國立大學圖書館（澳大利亞堪培拉）；Jack Eckert，公共服務圖書管理員，哈佛醫學院圖書館（美國波士頓）；John Falconer，視覺藝術策展負責人、攝影策展人，大英圖書館（英國倫敦）；Cathy Flynn，攝影策展人，碧波地・埃塞克斯博物館（美國馬薩諸塞州）；Jérôme Ghesquière，影像館藏部，法國吉美博物館（法國巴黎）；郭必強，史料編輯部主任，中國第二歷史檔案館（中國南京）；Martin Heijdra，普林斯頓大學東亞圖書館（美國普林斯頓）；藤原秀之，圖書管理員，早稻田大學圖書館（日本東京）；本田吉彥，日本記者（台北）；蕭博元，蕭萬長辦公室專員（台北）；黃肇松，中央研究院近代史研究所（台北）；黃威，影像圖片專家（中國北京）；黃旭，社長、總編輯，福建教育出版社（中國福建）；Quinn Doyle Javers，博士研究生，斯坦福大學歷史系（美國加州）；Uwe Juergensen，不萊梅市檔案館（德國）；Erika L. Kelly，顧客服務主管，美國國會圖書館（美國華盛頓）；Klaus-Peter Kiedel，德國國家海事博物館（德國不萊梅）；鬼頭智美，國際關係高級經理，東京國立博物館（日本東京）；來約翰（John E. Knight），攝影師路得・那愛德之孫（美國）；Betsy Kohut，版權與複製協調員，史密森博物院弗瑞爾博物館和賽克勒博物館（美國華盛頓）；Kathy Lazenbatt，圖書管理員，皇家亞洲協會（英國倫敦）；Carol Leadenham，斯坦福大學胡佛研究所（美國斯坦福）；Yves Lebrec，巴黎天主教大學（法國巴黎）；Chris Lee，圖片服務協調員，大英圖書館（英國倫敦）；李應平，執行總監，龍應台文化基金會（台北）；Li Yuhua，圖片保藏服務，哈佛大學圖書館（美國坎布里奇）；李蓓，營銷項目經理，中國惠普有限公司（中國北京）；龍應台，學者、作家，香港大學（中國香港）；Raymond Lum，哈佛大學圖書館（美國坎布里奇）；Jade Aimee Lyons，

交流項目助理，倫敦大學亞非學院（英國倫敦）；Velentina Ma，新聞媒體研究中心，香港大學（中國香港）；Julie Makinson，檔案保管員，倫敦大學亞非學院（英國倫敦）；Alastair Morrison，國際項目經理，大英圖書館（英國倫敦）；Chris Morton，攝影與手稿策展人，牛津大學皮特利弗斯博物館（英國）；阮秋芳，檔案保管員、策展人，斯坦福大學胡佛研究所東亞圖書館（美國斯坦福）；Daisy Njoku，人類研究電影檔案／國家人類學檔案，史密森尼博物院（美國休特蘭）；Ghislaine Olive，巴黎外方傳教會（法國巴黎）；大冢惠，新聞文化中心，日本駐華大使館（中國北京）；歐陽迪頻，中國部，澳大利亞國家圖書館（澳大利亞堪培拉）；Lisa Pearson，哈佛大學阿諾德植物園圖書館（美國波士頓）；Kay Peterson，檔案中心，國立美國歷史博物館史密森尼博物院（美國華盛頓）；Magda Mucha-von Platen，威廉港市檔案館（德國）；Frederick Plummer，美國國會圖書館（美國華盛頓）；Joshua Bryant Powers III，高級教育領導教授，印第安納州立大學（美國特雷霍特）；Phillip Prodger，策展人、攝影部主管，碧波地・埃塞克斯博物館（美國馬薩諸塞州）；芮捷銳博士（Geoff Raby），澳大利亞前駐華大使；Susannah Rayner，檔案與特藏部主管，倫敦大學亞非學院（英國倫敦）；Norbert Rebs，德國國家海事博物館（德國不萊梅）；Claire Roberts博士，研究員，澳大利亞國立大學亞太學院（澳大利亞堪培拉）；Holly Reed，靜態圖片檔案保管員，美國國家檔案與文件署（美國馬里蘭州學院公園）；沈嘉蔚，作家、藝術家（澳大利亞悉尼）；William Schupbach，圖書管理員，印刷、攝影、繪畫與製圖，維爾康姆信託基金會（英國倫敦）；Sarah Sherman，蓋蒂研究中心（美國洛杉磯）；Daniela Stammer，不萊梅市檔案館（德國）；Stephanie Stewart，視覺藏品檔案管理員助理，斯坦福大學胡佛研究所（美國斯坦福）；Heinz-Dieter Stroehla，威廉港市檔案館（德國）；Orion A. Teal，杜克大學（美國達勒姆）；富岡木浦（Masato Tomioka），共同通訊社（日本東京）；王音嵐，蕭萬長辦公室秘書（台北）；王朝鈺，中央社（台北）；王益羣，方蘇亞攝影藏品代表（中國北京）；王玉龍，那愛德攝影藏品代表（中國北京）；Jeffrey Wasserstrom，加州大學歐文分校，編輯，《亞洲研究》雜誌（美國）；Ulrich Raecker Wellnitz，威廉港市檔案館（德國）；Loisann Dowd White，諮詢服務主管，蓋蒂研究中心（美國洛杉磯）；Frances Wood，大英圖書館（英國倫敦）；Cathy Wright，牛津大學皮特利弗斯博物館（英國）；吳靜吉，創造力特聘教授、名譽教授，台灣政治大學（台北）；曉莊，攝影師（中國南京）；Jiasong Ye，諮詢圖書管理員，新南威爾士州州立圖書館（澳大利亞）；翁怡，策展人，香港歷史博物館（中國香港）；Bruce York，數字化影像協調員，新南威爾士州州立圖書館（澳大利亞）；Yuan Yuan Zeng，人類學圖書管理員，約翰霍普金斯圖書館政治學與東亞研究（美國巴爾的摩）。

我們已經盡一切努力核實圖片作者信息和資源出處，對仍可能存在的疏漏表示歉意。

弗雷德里克・貝利（1882—1967）
Frederic Marshman Bailey

英國軍官，1918 年在去塔什干執行一項秘密任務的途中，取道新疆，拍攝了一系列關於喀什噶爾及周邊地區的重要照片。

馬西安諾・安東尼奧・畢士達 （1826—1896）
Marciano Antonio Baptista

澳籍葡萄牙畫家，曾就學於聖若瑟神學院。後師從英國畫家喬治・錢納利。19 世紀 60 年代移居香港，專注於創作自然風景的繪畫作品，並拍攝了不少反映當時民生風貌的作品，還將西方的繪畫技法傳入中國內地。

費利斯・比托 （1832—1909）
Felice A. Beato

生於意大利，後加入英國國籍。他是最早拍攝東亞地區的攝影師之一，著名戰地攝影記者。1860 年隨英法聯軍到中國，拍攝第二次鴉片戰爭。其著名作品包括東亞及地中海地區的風土人情、古代建築和人物肖像等。

丁樂梅 （1881—1972）
Edwin John Dingle

英國傳教士，記者，1909 年來到中國。武昌起義時，作為上海英文《大陸報》的特派員，從事戰地採訪。他是第一個在辛亥革命爆發初期，到武昌採訪新任都督黎元洪的西方記者，並寫下了《中國革命記》。

威廉・普瑞爾・弗洛伊德 （1834—1900）
William Pryor Floyd

英國攝影師，曾在上海及澳門從事攝影，後受僱於香港 Silveira 照相館，後成為其老闆並使照相館成為當時最成功的商業照相館之一。其作品主要是風景和室內肖像。

方蘇雅 （1857—1935）
Auguste François

法國攝影師，1895 年起曾先後任法國駐中國龍州、雲南府（昆明）領事。遊歷中國西南大部分地區，拍攝人物形象及風景地貌、社會風俗等，其照片成為已知最早、最完整地紀錄中國晚清社會概貌的紀實性圖片。

弗朗西斯・弗里斯 （1822—1898）
Francis Frith

英國攝影師，1853 年創立利物浦攝影協會。1856—1860 年在中東和非洲北部的埃及和努比亞等地進行攝影。作為最早的風光攝影家之一，建立了弗朗西斯・弗里斯公司。

西德尼・戴維・甘博 （1890—1968）
Sidney D. Gamble

美國攝影師。1908—1932 年，先後四次來到中國進行城鎮和鄉村調查，足跡遍及華北、華東、西南等地區。

翟蘭思 （1878—1934）
Lancelot Giles

英國領事官，漢學家翟理思之子。他在義和團運動時的日記被整理為《北京使館被圍日記》一書。

利奧・格瑞斯 （1871—1939）
Léon Gires

法國攝影師，曾作為海運公司的船長，多次環遊世界各地，包括中國。1904 年曾在中國北京拍攝了有關「凌遲」的照片。1911—1912 年期間，在上海及其他港口城市遊歷及拍攝。

伯頓・霍爾姆斯 （1870—1958）
Burton Holmes

美國著名旅行家探險家、攝影師。出版過多部旅行日記，拍攝了大量照片和影片。他於 1901 年第一次來到中國。後出版的《波頓日記》中第九卷專門介紹了他在中國的經歷。

亨利・愛德華・拉沃爾
Henry Edward Laver

英國人，旅行家，1906—1908 年遊歷長江流域以及上海等地並沿途拍攝圖片。

凱利牧師
Rev. C. A. Killie

美國長老會牧師團牧師，1900 年義和團運動期間，身處被圍的英國公使館內，拍攝了大量圖片，紀錄被圍事件經過。

路得・那愛德 （1879—1913）
Luther Knight

美國攝影師，1910 年與四川高等學堂簽署援教合同，教

授算學、化學和地質學。在華期間拍攝大量寫實照片，紀錄其工作、生活的社會狀況及風物景象，內容涉及四川保路運動、辛亥革命、天府農事等。

米歇爾・梅納德
Michel De Maynard

法國傳教士，曾在中國山西進行傳教，期間拍攝包括山水風景、人物肖像、文化生活等照片，紀錄了 1911 年辛亥革命、民國的誕生等事件。

唐納德・曼尼 （1899—1941）
Donald Mennie

美國人，1899 年到達中國，先入北京 Mactavish Lehman 公司，後任上海 A. S. Watson & co. 公司總經理。他雖為商人，卻極愛攝影，喜歡用影寫紙輕柔的陰影和特殊的質感與層次烘托他眼中的古老中國。

彌爾頓・米勒 （1830—1899）
Milton M. Miller

美國攝影師。1860 年到香港在「威德與霍華德」照相館工作。後在廣州開辦攝影室。其作品以表現中國人的日常生活為主，攝影對象大部分為中國的富有階層。其攝影技巧比較成熟，以拍攝肖像見長。

喬治・厄內斯特・莫理循 （1862—1920）
Gerorge Ernest Morrison

澳大利亞人，1897 年到達北京，曾任《泰晤士報》駐華首席記者(1897—1912) 以及中華民國總統政治顧問（1912—1920）。經歷了戊戌變法、辛丑簽約、清末新政、日俄戰爭、帝後之喪、辛亥革命等一系列重大事件，並對中國西部進行了考察，拍下大量照片。

南懷謙神父 （1880—1935）
Father Leone Nani

意大利傳教士。1904—1914 年之間曾以傳教士身分在中國內陸作長時期旅行、觀察和攝影。特別在當時作為陝南地區商業、農業、採礦業的中心的陝西省漢中府，他從傳教士及記者的角度觀察了當地的社會、人民生活和風俗習慣。

恩斯特・奧爾末 （1847—1927）
Ernst Ohlmer

德國攝影師，1867 年在廈門開設照相館，之後進入大清海關工作，並先後在廈門、廣州、福州、青島任職。他於 1873 年拍攝的有關圓明園廢墟的照片是迄今為止最早的一批關於圓明園的影像。

C. F. 奧基夫
C. F. O'Keefe

美國陸軍工程師。1899—1901 年，他跟隨美國探險隊在菲律賓和中國拍了許多照片。

斯提芬・帕瑟 （1875—?）
Stéphane Passet

法國攝影師。曾被金融家阿貝爾肯恩聘為攝影操作員，參與 1909 年開始設立的「地球檔案」工作。1912—1913 年期間，遊歷中國蒙古、瀋陽、北京、山東等地，使用彩色玻璃反轉片進行拍攝了大量民風民俗的照片。

威廉・珀道姆 （1880—1921）
William Purdom

英國植物探險家。1909 年，受哈佛大學阿諾德植物園派遣，來到北部進行植物考察，歷時三年，沿着黃河為植物園收集各種植物的同時，拍攝很多沿途的各地民土風情。

詹姆斯・利卡爾頓 （1844—1929）
James Ricalton

美國攝影師、旅行家、發明家。1900 年到中國，採用立體照相機拍攝，內容涵蓋各地風景和民俗照片。其中包含大量 1900 年八國聯軍侵華和義和團運動的紀實照片，還有李鴻章等名人照片。

約瑟夫・洛克 （1884—1962）
Joseph Francis Charles Rock

美籍奧地利植物學家、地理學者和人類學家。1922 年到中國西南部，收集動植物標本，後從事植物、民族文化、地理等考察探險工作，拍攝大量玉龍雪山和反映麗江風情的照片。

威廉・桑德斯 （1832—1892）
William Saunders

英國商業攝影師，1862—1887 年在上海開設森泰照相館，拍攝的內容和題材眾多，如官員出行、罪犯行刑等新聞時

事和社會風俗照片，刊於《遠東》（*The Far East*）、《倫敦新聞畫報》（*Illustrated London News*）等雜誌上，是「中國最早的插圖攝影師」。

詹姆士・喬治・斯科特 （1851—1935）
James George Scott

攝影愛好者，在中國遊歷和從事研究。1898—1900 年自緬甸進入中國雲南地區，作為英方的負責官員，與中國官員商談西南部的中緬邊境問題進行勘界期間拍攝了相關照片。

施塔福 （1884—1938）
Francis Eugene Stafford

美國攝影師，1909 年來到上海，在商務印書館專職攝影和印刷。他在上海、武漢等重要城市活動，拍攝了大量攝影作品。

喬治・沃倫・斯威爾 （1883—1949）
G. Warren Swire

太古集團創始人的兒子。拍攝了數以千計的照片紀錄太古集團船舶公司的產業、商業活動和經營狀況。1906—1940 在中國期間，拍攝了很多照片。

奧萊爾・斯坦因 （1862—1943）
Sir Aurel Stein

著名的英國考古學家、藝術史家、語言學家，原籍匈牙利。1900—1931 年曾進行了著名的四次中亞考察，考察重點地區是中國的新疆和甘肅。

約翰・湯姆遜 （1837—1921）
John Thomson

英國攝影師。1868 年在香港設立工作室並遊歷中國廣大地區，紀錄了大量風景古跡和社會風俗，拍攝對象涉及社會各階層。其作品有珍貴的歷史文獻性，為新聞攝影奠定了基礎。

沃森上校 （c.1834—1908）
Major J. C.Watson

澳大利亞人，業餘攝影師，曾任太平天國時期寧波「綠頭勇」教頭，是寧波江北岸外人居留地首任巡捕房捕頭。在寧波拍攝有大量圖片。

裕勳齡 （1839—1874）

慈禧的御用攝影師，清廷駐日、法公使三品卿銜裕庚次子，現存的慈禧照片全部由他拍攝。

小川一真 （1860—1929）
Ogawa Kazuma

日本攝影師，曾學習珂羅版印刷術和乾版製造法。曾作為日本陸軍隨軍攝影師到中國，經歷甲午戰爭、日俄戰爭，並隨八國聯軍在北京、天津等地拍攝了大量照片。

大武丈夫 （1878—1930）
Otake Takeo

日本攝影師，曾在孫中山好友梅屋莊吉開設的照相館內任職，拍攝大量照片。

樋口宰蔵
Higuchi Saizo

日本攝影師，跟隨小川一真的攝影隊，拍攝有關甲午戰爭的大量照片。

H. C. 懷特立體照片公司
H. C. White Company

H. C. 懷特（ Hawley C. White 1847—?），美國攝影師、出版人及發明家。19 世紀 70 年代末以做觀片器起家，1899 年起開始代理、組織拍攝立體照片，成立 H. C. 懷特公司，其圖片圖像質量高，照片精美。

亞細亞照相館
Asia Photo Studio

上海的一家照相館。

安德伍德立體照片公司
Underwood&Underwood

1850—1950 年間美國著名的立體照片和立體視鏡製作及銷售公司之一。由美國攝影師愛爾末・博特安德伍德兄弟於 1882 年創辦。其製作、銷售的立體照片存世量相對較多。

同生照相館
K. T. Thompson

最初創立於上海，約 1910 年在北京設立分號。拍攝過民國的著名人物，京張鐵路工程、孫中山移靈等重大事件。

阿夏、蕭桐編著：《黑鏡頭：昆明晚清絕照（1896—1904）》
成都：中國文聯出版社，1999 年

保羅・埃文斯：《費正清看中國》，陳同、羅蘇文等譯
上海：上海人民出版社，1995 年

費正清、劉廣京編：《劍橋中國晚清史》（上、下卷）
中國社會科學院歷史研究所編譯室譯
北京：中國社會科學出版社，1993 年

伯納・布立賽：《1860：圓明園大劫難》，高發明、麗泉、李鴻飛譯
杭州：浙江古籍出版社，2005 年

陳悦著：《碧血千秋——北洋海軍甲午戰史》
長春：吉林大學出版社，2008 年

國父紀念館編：《國父革命史話——中山精神不朽》
台北：國父紀念館出版，1996 年

G. A. 凱爾等：《絕版長江：1910 年代的鐵路營造與沿途風物》，張遠航編，龔格格、張春穎譯
桂林：廣西師範大學出版社，2007 年

李開義、殷曉俊：《彼岸的目光——晚清法國外交官方蘇雅在雲南》
昆明：雲南教育出版社，2002 年

路得・那愛德：《回眸歷史：二十世紀初一個美國人鏡頭中的成都》
北京：中國旅遊出版社，2002 年

路得・那愛德：《消失的天府（1910—1913）美國教師路得・那愛德攝影作品集》
王玉龍撰述，桂林：廣西師範大學出版社，2009 年

路得・那愛德：《華西印象：一個美國人1910—1913 在西部中國》，王虎、毛衛東譯
成都：四川人民出版社，2003 年

駱惠敏編：《清末民初政情內幕：〈泰晤士報〉駐北京記者袁世凱政治顧問喬・莫理循書信集》（上、下），劉家梁等譯
上海：知識出版社，1986 年

上海市歷史博物館編：《20 世紀初的中國印象——一位美國攝影師的紀錄》
上海：上海古籍出版社，2001 年

沈嘉蔚編撰：《莫理循眼裏的近代中國》（全三冊），竇坤等譯
福州：福建教育出版社，2009 年

徐廣宇編譯：《1904—1905，洋鏡頭裏的日俄戰爭》
福州：福建教育出版社，2009 年

徐中約：《中國近代史：1600—2000 中國的奮鬥》，計秋楓、朱慶葆譯
北京：世界圖書出版公司，2008 年

徐宗懋：《走過百年——一次讀完台灣百年史》
台北：台灣書房出版有限公司，2010 年

詹姆斯・利卡爾頓：《1900，美國攝影師的中國照片日記》，徐廣宇譯
福州：福建教育出版社，2008 年

張海鵬編著：《中國近代史稿地圖集》，朱平漢等製圖，顧乃福等審校
北京：地圖出版社，1984 年

張明編著：《外國人拍攝的中國影像：1844—1949》
北京：中國攝影出版社，2008 年

章開沅主編：《辛亥革命辭典》
武漢：武漢出版社，1991 年

中國第二歷史檔案館：《袁世凱與北洋軍閥》
香港：商務印書館（香港）有限公司，1994 年

中國第二歷史檔案館：《汪精衛與汪偽政府》（上、下）
香港：商務印書館（香港）有限公司，1994 年

中國第二歷史檔案館：《孫中山與國民革命》
香港：商務印書館（香港）有限公司，1994 年

中國國家圖書館、大英圖書館編：《1860—1930 英國藏中國歷史照片》（上、下）
北京：國家圖書館出版社，2008 年

參考書目

中華世紀壇世界藝術館、秦風老照片館編：《殘園驚夢：奧爾末與圓明園歷史影像》
桂林：广西師范大学出版社，2010 年

莊士敦 (Reginald F. Johnston)：《紫禁城的黃昏》
北京：外語教學與研究出版社，2008 年

上海圖書館編：《上海圖書館藏歷史原照》（上、下）
上海：上海古籍出版社，2007 年

閔傑編著：《晚清七百名人圖鑒》
上海：上海書店出版社，2007 年

中華世紀壇世界藝術館編著：《晚清碎影 ——約翰・湯姆遜眼中的中國（1868—1872）》
北京：中國攝影出版社，2009 年 4 月

秦風老照片館編，徐家寧撰文：《北洋歲月》
桂林：廣西師範大學出版社，2011 年

蘇振申總編校，樂炳南編撰：《中國歷史圖說・現代》（12）
台北：世新出版社，1980 年

小川一真：《日清戰爭寫真帖》
小川一真寫真館，1895—1896 年

BENNETT, Terry, *History of Photography in China Western Photographers 1861-1879*, London: Bernard Quaritch Ltd., 2010

BULFONI, Clara, Anna Pozzi, *Lost China, The Photographs of Leone Nani*, Italy: Skira Editore S.p.A., 2003

CALDWELL, Genoa, *Burton Holmes Travelogues The Greatest Traveler of His Time*, 1892 - 1952, Taschen, 2006

DINGLE, Edwin John, *China's Revolution 1911 - 1912*, McBride, Nast & Company, 1912

GOODRICH, L. Carrington, Nigel Cameron, *The Face of China—Photographers & Travelers*, Aperture Foundation, 1978

HARRIS, David, *Of Battle and Beauty—Felice Beato's Photographs of China*, Santa Barbara Museum of Art, 1999

LU, Hanchao, *The Birth of a Republic*, University of Washington Press, 2010

SPENCE, Jonathan, Annping Chin, *The Chinese Century—A Photographic History*, Harper Collins Publishers, 1996

THOMSON, John, *Illustrations of China and Its People*, Sampson Low and Marston Low and Searle, 1873 -1874

WINCHESTER, Simon, *The Man Who Loved China: The Fantastic Story of the Eccentric Scientist Who Unlocked the Mysteries of the Middle Kingdom*, Harper Collins Publishers, 2008

WORSWICK, Clark, Jonathan Spence, *Imperial China—Photographs 1850 - 1912*, Pennwich Publishing and Crown Publishing, 1978

第 47 頁

康德:《答覆這個問題:「甚麼是啟蒙運動?」》,見《歷史理性批判文集》,何兆武譯,第 22 頁,北京:商務印書館,1990 年。

第 54 頁

李提摩太:《親歷晚清四十五年:李提摩太在華回憶錄》,序,李憲堂、侯林莉譯,第 1 頁,天津:天津人民出版社,2005 年。

第 55 頁

費正清:《美國與中國》,張理京譯,第 442—443 頁,北京:世界知識出版社,1999 年。

第 59 頁

J. L. Cranmer-Byng ed.,「China, 1792-1994」, *Marcartney of Lisanoure, 1737-1806: Essay in Biography*, Peter Roebuck ed., Ulster Historical Foundation, 1983, pp.239-240.

第 61 頁

唐德剛:《晚清七十年》,第一冊,《中國社會文化轉型綜論》,第 182 頁,台北:遠流出版公司,2003 年。

第 62 頁

柏拉圖:《理想國》,郭斌和、張竹明譯,第 26 頁,北京:商務印書館,1986 年。

第 65 頁

柏拉圖:《理想國》,郭斌和、張竹明譯,第 26 頁,北京:商務印書館,1986 年。

第 66 頁

孔飛力:《中華帝國晚期的叛亂及其敵人》,謝亮生等譯,第 1 頁,北京:中國社會科學出版社,1990 年。

第 76 頁

唐德剛:《晚清七十年》,第一冊,《中國社會文化轉型綜論》,第 195 頁,台北:遠流出版公司,2003 年。

第 90 頁

魯迅:《華蓋集 · 忽然想到》,見《魯迅全集》,第三卷,第 45 頁,北京:人民文學出版社,2005 年。

第 92 頁

謝軼羣:《民國多少事》,第 19 頁,北京:九州出版社,2007 年。

第 97 頁

Lucian W. Pye,「How China』s nationalism was Shanghaied?」, *Chinese Nationalism*, Jonathan Unger ed., M. E. Sharpe, 1996, p.109.

第 108 頁

孔飛力:《中華帝國晚期的叛亂及其敵人》,謝亮生等譯,第 122—123 頁,北京:中國社會科學出版社,1990 年。

第 119 頁

李台珊:《宋美齡:走在蔣介石前頭的女人》,黃中憲譯,第 30 頁,台北:五南出版社,2010 年。

第 121 頁

蔡爾康、林樂知編譯:《李鴻章歷聘歐美記》,第 32 頁,長沙:湖南人民出版社,1982 年。

第 122 頁

余世存編:《非常道:1840—1999 的中國話語》第 144 頁,北京:社會科學文獻出版社,2005 年。

第 138 頁

李台珊:《宋美齡:走在蔣介石前頭的女人》,黃中憲譯,第 41 頁,台北:五南出版社,2010 年。

第 147 頁

嚴復:《原強修訂稿》,見《嚴復集》,第一冊,王主編,第 17 頁,北京:中華書局,1986 年。

第 151 頁

梁啟超:《開明專制論》,見《飲冰室合集》,第二冊,飲冰室文集之十七,第 75 頁,北京:中華書局,1989 年。

第 153 頁

徐珂編撰:《清稗類鈔》,第二冊,第 972 頁,北京:中華書局,1981 年。

第 155 頁

胡適:《信心與反省》,見《胡適論學近著》,第一集,第 481 頁,上海:上海書店,1989 年。

第 161 頁

宮崎寅藏:《成為耶穌教徒》,見《三十三年之夢》,林啟彥譯,第 30—31 頁,廣州:花城出版社,1981 年。

第 177 頁

Frederick Wells Williams, *Anson Burlingame and the First Chinese Mission to Foreign Powers*, New York: General Books LLC, 2010, p.150.

第 191 頁

林語堂:《吾國與吾民》,自序,第 2 頁,西安:陝西師範大學出版社,2002 年。

第 194 頁

夏雙刃編:《非常道 II:1840—2004 中國話語》,第 183 頁,北京:北京出版社,2006 年。

第 201 頁

林肯:1858 年 9 月 8 日在伊利諾伊州克林頓市競選該州參議員席位時發表的演講。

第 210 頁

傅勒銘：《圍城北京》，第 121—122 頁，倫敦：牛津
大學出版社，1989 年。

第 214 頁

容閎：《西學東漸記》，第 23 頁，長沙：湖南人民出版
社，1981 年。

第 221 頁

Frederick Wells Williams, *Anson Burlingame and the
First Chinese Mission to Foreign Powers*, New York:
General Books LLC, 2010, p.150.

第 222 頁

柯文：《歷史三調：作為事件、經歷和神話的義和團》，
杜繼東譯，第 2 頁，南京：江蘇人民出版社，2000 年。

第 226 頁

Herbert A. Giles, *A History of Chinese Literature*, D.
Appleton and company, 1901, p.296.

第 229 頁

余世存編：《非常道：1840—1999 的中國話語》，第
133 頁，北京：社會科學文獻出版社，2005 年。

第 235 頁

李鴻章：《籌議海防摺》，見《李文忠公全書·奏稿》
卷二十四，吳汝綸編，第 10—24 頁，1908 年。

第 236 頁

Carlton J. Hayes, Edited by William L. Langer, *A
Generation of Materialism 1871-1900*, Harper &
Brothers, New York, 1941, p. 338.

第 266 頁

歐陽哲生編：《胡適文集》，第一卷，第 68 頁，北京：
北京大學出版社，1998 年。

第 286 頁

張愛玲：《中國人的宗教》，見《張愛玲文集》第四卷，
第 132 頁，合肥：安徽文藝出版社，1992 年。

第 288 頁

赫德：《步入中國清廷仕途：赫德日記（1854—
1863）》，傅曾仁等譯，北京：中國海關出版社，2003 年。

第 291 頁

馬士：《中華帝國對外關係史》，第三卷，陳匯文等譯，
第 234 頁，北京：商務印書館，1960 年。

第 298 頁

梁啟超：《辛亥革命之意義與十年雙十節之樂觀》，見《飲
冰室合集》，第四冊，飲冰室文集之三十七，第 4—5 頁，
北京：中華書局，1989 年。

第 308 頁

余世存編：《非常道：1840—1999 的中國話語》第 93 頁，
北京：社會科學文獻出版社，2005 年。

第 312 頁

錢穆：《中國歷代政治得失》，第 54 頁，北京：生活·讀
書·新知三聯書店，2001 年。

第 337 頁

丁中江：《北洋軍閥史話》，第三集，第 38 頁，北京：
中國友誼出版公司，1996 年。

第 342 頁

余世存編：《非常道：1840—1999 的中國話語》第 81 頁，
北京：社會科學文獻出版社，2005 年。

第 355 頁

費正清：《偉大的中國革命，1800—1985》，劉尊棋譯，
第 432 頁，北京：世界知識出版社，2000 年。

第 360 頁

陳獨秀：《蔡孑民先生逝世後感言》，見《陳獨秀著作選》，
第三卷，任建樹等編，第 545 頁，上海：上海人民出版社，
1993 年。

第 372 頁

費正清：《偉大的中國革命（1800—1985）》，第 180 頁，
北京：世界知識出版社，2000 年。

第 375 頁

朱宗震：《宋教仁之死：民初政黨政治的失敗》，載《南
方週末》，2007 年 8 月 16 日。

第 378 頁

蔣廷黻：《中國近代史》，第 44 頁，上海：上海古籍出
版社，1999 年。

第 380 頁

余世存編：《非常道：1840—1999 的中國話語》，第 19 頁，
北京：社會科學文獻出版社，2005 年。

第 383 頁

雷頤：《歷史的進退：晚近舊事與集體記憶》，桂林：
廣西師範大學出版社，2009 年。

第 385 頁

朱宗震：《宋教仁之死：民初政黨政治的失敗》，載《南
方週末》，2007 年 8 月 16 日。

第 386 頁

胡適：《民權的保障》，見《胡適文集》，第十一冊，
歐陽哲生編，第 295 頁，北京：北京大學出版社，1998 年。

辛亥革命運動，已屆百年，由學者專家到一般大眾，對其在中國歷史上的意義，各有不同的認識和理解，意見紛紜，這是很自然的。但很可肯定的是，大家都會認定辛亥革命是中國近代史上一個很重要的歷史運動。在我個人的理解，近代中國的歷史是中國近代化的過程，到了清末民初的革命運動，才算是一場真正的革命運動，才對政治、經濟、社會、教育和文化等全方位的近代化有較全面的認識和追求，所以其對日後歷史發展的影響仍是深遠的。

我想從另一種角度去説明一下辛亥革命運動的性質，以闡明何以至辛亥時期的革命才是一個全方位的近代化運動。

一、辛亥革命的世代

我們試從出生年紀作為世代，去認識和理解辛亥革命分子，透視出辛亥革命的歷史認識。辛亥革命分子大都出生於19世紀50—90年代，中間差距逾三十年。從世代劃分，大致50—60年間是一世代：如孫中山、蔡元培、章太炎、吳稚暉、黃賓虹，甚至包括沈曾植、張謇、湯壽潛等人屬之。70—80年代之間是一世代：如黃興、宋教仁、吳樾、徐錫麟、秋瑾、陳天華、趙聲、朱執信、廖仲愷、陳其美、黃節、褚宗元、沈鈞儒、柏文蔚、經亨頤、黃炎培、譚延闓、何香凝、胡漢民、陳獨秀、于右任、李叔同、馬君武、章士釗、張繼、汪精衛、蘇曼殊、陳樹人、林覺民、柳亞子等等。80—90年代間屬另一世代，如梁漱溟、陶行知、易白沙、高語罕、李大釗等。上述人物只是順手舉例，不能遍舉。大家可以從這條世代的線索，翻查一下。當然，任何歷史上的政治和社會運動，交互着不同世代中人，是不出奇的。再從功名學歷去考察，沈曾植、張謇、湯壽潛、蔡元培等人都曾高中進士，甚至當過大官。他們年紀輩分較大。至於80—90年代出生的，已趕不及科舉之途，都是接受新式教育的世代了。三個世代的辛亥革命人物中，最值得注意是70—80年間出生的這世代。他們在辛亥革命中，人數最多，這不是偶然的。考察整個晚清辛亥革命運動，這一代才是革命的主體力量。這主體力量在相當程度上決定了辛亥革命的走向和目標，所以值得注意。

從教育背景去考察，作為辛亥革命主體力量的世代，是中國歷史上極其特別而僅有的一代。他們青少年時，接受的是傳統教育，不少更取得秀才、舉人的功名。年長之後，他們接受的是新式教育，甚至留學外國，取得學位，甚至是高等學位。傳統教育與近代西方新式教育參半，新舊學問兼備，新舊思想集於一身，是這一世代的歷史特徵。換句話說，他們是近代中國，也可以説是中國歷史上，從傳統讀書人、士大夫向近代知識分子轉化的第一代人。

辛亥後思考
辛亥世代與近代中國

陳萬雄

這一代是晚清革命的開拓者和先驅，是辛亥革命的主導和主體力量，也是中國第一代革命知識分子。辛亥革命運動中，革命活動集中在新軍起義，辦報刊雜誌，辦學校和閱讀室，組織各種文化革命團體等。這些活動，對他們來說，既是政治革命活動，也是社會改革和文化思想的啟蒙。這固然是中國改革歷程的需要，也是辛亥革命分子特有的教育背景和具備的條件所造成的。我們在考察他們的政治活動和作為外，他們對邁向近代化的各種活動的推進，是不能忽略的。他們青少年時代都接受過傳統教育，諳熟傳統學問，普遍具有多方面傳統學問和藝術的學養。同時，他們又接受了外國文化學術的衝擊，兩相碰踵，中間不少在當時或日後在學術、文學上和思想文化上，都很有成就。也不乏在學術開拓和藝術創新上，有重大貢獻者。所以不僅在政治和思想，即在眾多學問和藝術的創新上，辛亥革命知識分子也有不能忽略的成就。這對全面理解和認識辛亥革命運動的性質，是很重要的。

二、從辛亥革命到五四運動 —— 第一代革命知識分子與近代中國的發展

過往對五四運動的研究，有兩個問題很被忽略。一是五四運動的領導者尤其是新文化運動的倡導者，原先就是屬於辛亥革命運動的參與者甚至是推動者，是辛亥革命中人，如蔡元培、陳獨秀、沈尹默、馬寅初、高語罕、李大釗、胡適等等。在辛亥革命分子之中，他們一輩對近代化的落差也更有認識，而他們更關心文化和教育的改革。所以五四新文化運動，對這輩革命知識分子而言，是辛亥革命的反思和延續。是革命重心目標的轉移。

二是五四新文化運動所倡導的新思想文化，雖周匝纖悉有所不如，文化的改造，亦非該革命運動的主導思想。但一個事實是，在新文化運動中，文化上革新的種種課題，在辛亥革命期間，已基本被提出來，而且五四新文化運動倡導者往往是辛亥革命中，要求文化革新的推動者和問題的揭示者。所以五四倡導者與辛亥革命運動，在世代、在人脈、在革命活動、在思想上都有一脈相承的發展條理。他們屬於近代中國第一代「近代型態的知識分子」。

這第一代近代知識分子的革命分子，是辛亥革命和五四新文化運動的主導和主體力量，這對理解五四運動的性質是非常重要關鍵的。這一代革命知識分子有其歷史獨特性。他們都是十九世紀八十年代出生，所受教育傳統與新式參半，新舊學問兼備，中外思想集於一身。這種兼中外文化於一身的特性，對中外文化的對比，反應比較敏感，文化心理的衝突也明顯，也容易引發他們對文化問題的思考。而他們中西知識和學問集於一身的教育特點，也是他們這輩革命知識分

子能夠倡導一個歷史上從未有過的文化思想啟蒙運動的條件，也是到他們這一代才能對中國在人類歷史文明進程上的全面落差和全面近代化有最後覺悟。

三、第一代革命知識分子對傳統文化何去何從的關注

第一代近代型態的革命知識分子，儘管各人有着不同的思想傾向，活動的側重也不完全一致，但他們的特點都是兼社會政治革新和文化思想革新於一身。

文化思想的改造是五四新文化運動的核心課題，而如何對待傳統文化是其焦點。過去的印象和既定印記，五四新文化運動倡導者都是主張全盤西化，都是要徹底打倒傳統文化的。我們只要細心爬剔和組合材料，就會發現事實並不完全如此。這種既定印象和印記，是來自五四新文化運動個別倡導者的言論，或來自個別文章，甚至來自隻言片語的影響。在近代，反傳統言論的激烈和徹底與否，成為判殊歷史進步與否的標準，這種標準也影響了歷史研究。當然我們亦不能否定，在運動中，新舊思想的對抗，第一代近代型的革命分子也存在着思想上的分歧，尤其在對待傳統文化的態度上。新文化運動的一些倡導者，不惜在言論上拔高甚至聳人聽聞以期取得更大的影響。但總體來說，新文化運動的倡導者對傳統文化的態度，是有其精神和實際取向的。

自晚清以來，中國備受外國侵凌，而且在世界新文明的衝擊下，日益暴露了傳統思想的種種落後，加上社會上充滿腐朽封建造成的不合理，他們都是身有所受、目有所見和心有所感的，因此不滿的情緒特別濃烈。這是為甚麼他們會對之抨擊不遺餘力，甚至採用激烈的言論去表達他們過分的憂慮。在他們眼中，不破不能立，有了破壞才可以建設。不過我們常側重他們在破的作為，不管對他們的評價是站在貶或揚的立場。其實這一輩人，在他們進行不遺餘力的破壞的同時，他們之中不少人，卻一生致力於探索足可引導中國社會走向近代化的新文化的建設。這種新文化的建設，不限於文化思想和觀念，近代中國諸多文化方面的新開拓，都是這代知識分子所奠定的。

蔡元培固然是中國近代高等教育制度和規模的建基者，同時他也是中國近代美學、倫理學的建構者，他與張元濟為小學生編寫的《修身教科書》，就糅合了中外倫理觀念。陳獨秀及早向中國輸入世界文學新的理論，他一生以他對傳統文字學的造詣，不斷探求中國語言文字的改革。晚年雖貧病交困，仍奮力要完成旨在以科學方法去學習中國語文的著作《小學識字課本》。胡適的《中國哲學史》，以及對《紅樓夢》、《水滸傳》和《水經註》等的研究，目的也在建立一種新的學術研究方法。謝無量早年參加辛亥革命，民國後擔任過孫中山的秘書，他的《中國大文學史》、《中國婦女史》、

《中國佛教史概論》等著作，都是近代中國學術開山之作。魯迅的《中國小説史略》，已成為了這方面研究的經典之作。另外他在兒童文學、版畫以至對西方文學理論的介紹都是先驅者。高劍父和陳樹人創立嶺南畫派，于右任之創立新草書，沈尹默、李叔同、謝無量、馬敍倫、章士釗等眾多革命知識分子都是新書法藝術的推動者和實踐者。黃賓虹的新山水畫，李叔同弘一大師的美術和音樂，李大釗新史學理論等等，幾乎在每一種文化項目上，都見到第一代近代型革新知識分子所作的奠基性和開創性的貢獻。

這不僅見於第一代革命知識分子，影響所及，第二第三代的新文化運動的繼承者，無不在文化建設上作出先驅性的貢獻，包括傳統文化上的方方面面的創建。新文學不用説，學術上，顧頡剛的國故整理，傅斯年的新史學，馮友蘭等人的新哲學建構，匡互生和葉聖陶等人通過辦白馬湖中學、辦《中學生》，辦開明書店，出版眾多豐富多彩的讀物，以建立新式教育。

以上所舉例子，旨在説明辛亥革命到五四運動，作為中國近代型革命知識分子，在從事激烈的文化破壞的同時，也努力從事文化建設的事實。甚至歐陽竟無的佛學院，太虛的佛學現代化，都是這輩有相同背景的新型知識分子的建設成果。佛學現代化和佛教改革運動的積極推動者如章太炎、孫少侯、蒯若木、陳獨秀、梁漱溟、歐陽竟無、呂徵、李叔同、

桂伯華、太虛、陳銘樞等等，皆屬新型知識分子和革命知識分子。在傳統文化上的推陳出新，這種例子可舉出的尚多，通過發掘史料分析，五四新文化運動會呈現出新的圖像。甚至，我們檢點五四新文化運動的倡導者，他們不少人包括陳獨秀和胡適之，其行事價值（胡聽從母親安排的盲婚、陳為繼母守孝）、文化生活形式（穿長衣、用毛筆寫書法、寫舊詩、讀古書）等等皆不難印證。

最有意思和最能説明五四期間新式知識分子對傳統文化的態度的，是在五四期間勃興的新儒家。新儒學的興起與反傳統思潮同時並起，他們與保守的國粹派遺老遺少不同。我個人和日本著名學者島田虔次一樣，視五四時期出現的新儒家是新文化運動的組成部分。新儒學的倡導者與新文化運動的倡導者之間有着共同的背景，關注着共同的文化課題，都要融會中外文化去努力為未來中國創造出新文化。五四新文化運動期間，新文化運動派和新儒學派，不能像過往印象視之為是對立的，也不能絕對地定位為或是保守或是前進的。在五四新文化思想運動中，應視為是錢幣的兩面，相輔而成：外表抗衡而內實在平衡，外表相反而內裏實相輔相成。要從積極意義作出評估。

五四新儒家的興起，尤其是第一代，深入發掘其淵源是很重要的。這有助新儒學勃興的因由、新儒學的思想本質以至對五四新文化運動整體的理解。對現代新儒家人物的規範

和定位，學術界看法雖不完全相同，基本上以梁漱溟、熊十力和馬一浮三者作為新儒學第一代首倡者和奠定者，是無異議的。通過考察馬一浮、熊十力和梁漱溟他們的早年簡歷，可見他們有着相同的共性。（一）他們都是最早接受由西方傳入的新式教育，不同程度鑽研過外國的文化思想。（二）他們對傳統學問都各有造詣。（三）雖程度不同，他們都是清末民初的革命者，是新文化新思想的傳播者。我曾指出「五四新文化運動之與前此的辛亥革命運動在革新思想上更有一脈相承的條理。即使在人事的系譜上，五四新文化運動的主要倡導者，原先則屬辛亥革命時期革命黨人的系統。」值得我們注意的是，作為五四時期新儒學的倡導和奠定者，同樣與新文化運動倡導者有着相同的背景。除了馬一浮曾兩次拒絕北大的邀請，梁漱溟和熊十力兩位都得到新文化運動倡導者的推薦而任教北大。他們與新文化運動眾多倡導者，不僅有共事之雅，而且有着密切友朋和共事革命的關係。這種事實不能視之為偶然。新文化運動時期北大分化成西化派、國粹派再加上新儒學派，中間就露出晚清以來的革命派思想的演化現象。如作為整體思想去理解，不僅要注意其間思想的分歧，也應重視他們之間思想型態的相近與交疊。

簡單舉例，在經過辛亥革命和二次革命後的 1915 到 1917 年，陳獨秀和熊十力所撰寫的文章，如不具名，甚至不能驟然分辨是誰的文章。因為他們對時局和當前社會種種，有很相近的見解。在思想和文化認識上，有着太多相同的價值觀。民主、科學、自由、民族思想、社會公義、反對封建專制、要求進步反對保守、追求世界視野和現代意識等等，都充斥在他們兩人文章中。新儒學的首倡者，與五四新文化運動的倡導者，原先則屬同志同道的關係。辛亥革命的失敗引至軍閥亂政，革命黨人的變質，帶來思想的衝擊，促成他們思想的轉變，其發展軌跡一如陳獨秀、魯迅等一輩新文化運動主流派。甚至對當時政局，社會現象以至文化思想現況的分析，也極其相似，只是最後如何改造和促使傳統文化的現代化的取向有分別而已，目標其實是一致的。

四、結語

孫中山逝世前留下一句常被引用的話：「革命尚未成功，同志仍須努力！」如果我們從辛亥革命世代，即第一代近代型的革命知識分子的全方位改革中國的目標去衡量，至今革命尚未成功，尚要努力，以期中國充分的現代化。

出版後記

攝影術是晚近科技發展的產物，因此視覺文獻在歷史研究中始終不曾得到應有的重視，但正如中國近代史研究專家雷頤先生所言，「自攝影術發明以來，影像就漸漸成為歷史書寫的一部分。以圖證史，圖文互證，相互闡釋，歷史越來越豐富、真實、生動」，視覺影像對還原、修復歷史記憶的作用，經常是文字和實物所難以企及的，即使在攝影棚裏擺弄完成的作品—畫冊中亦收錄有此類作品—也直觀反映了特定歷史語境中某些最真實的存在和念頭。這恰是出版者所孜孜以求的。我們倡導一種真誠低調的歷史觀，對歷史秉持最基本的客觀公正態度，不做先入為主的道德判斷，不充當歷史的仲裁人，出版人的本分即在於以出版物為平台，真實呈現歷史上曾經存在過的各色人物和光譜，呈現不同人羣之間不同的甚至針鋒相對的歷史闡釋。我們希望我們的出版品能盡可能長的經得起歷史的檢驗，僅此足矣。

《壹玖壹壹》是第一部全面反映清末民初近百年歷史的大型歷史畫冊，這是後浪出版公司繼《上海：1842—2010，一座偉大城市的肖像》（2010，世界圖書出版公司、企鵝出版公司）後，與劉香成先生共同努力的又一次合作。此次，劉香成先生遍訪全球，動用可觀資源從散存於世界各公共展館、私人藏品、大學研究所和通訊社等機構中的上萬件彌足珍貴的影像作品中遴選出千餘，對近代中國影像檔案（即所謂「老照片」）進行全面的、大規模的、細緻的綜合整理、分類和研究，最終又從千餘圖片中精選出四百餘張終彙聚成冊。

《壹玖壹壹》取客觀之立場，以這一時期的標誌性事件為線索，力圖全方位真實重現 1860—1928 年這一中國歷史上重要的新舊交替時期，不帶私情卻又飽含感情—不因黨派、民族、宗教等的分野而做出道德評價，相反，對其努力抱持慷慨的認同，對其先天不足懷有克制的同情，對西方列強帶來的社會面貌、生活方式的改觀給予恰如其分的展現。盡力做到沒有對哪個集團的特別偏袒，也盡量避免對哪股勢力的簡單貶低。於是，我們看到新式交通工具亮閃閃的出現在中華大地上，也看到傳統運輸工具—毛驢兒，依舊是旅人往來行走的重要交通媒介；我們看到身首異處的行刑場面，也看到沙俄佔領下的大連市大興土木，呈現出西方城市的面貌，看到教會為改變女子的社會地位所作出的努力……

本書照片取自域內外，時空跨越廣大，所涉及的歷史事件深刻影響了中國近代化的過程，與以往只是單鏡頭「老照片」的簡單合集不同，本書更像是一部綜合的紙上歷史紀錄片，依次呈現了第二次鴉片戰爭、甲午戰爭、義和團運動、日俄戰爭、武昌起義、軍閥混戰等一系列重大歷史事件及其細節，第一次以視覺影像的形式直觀而立體地呈現了這「三千年未有之大變局」。正如劉香成先生所説：「我希望這本影像集可以用看得見的方式，為研究現代中國史的歷史學家所提出的觀點作一點補充。」

2011 年，香港聯合出版集團商務印書館（香港）有限公司與後浪出版公司、中國出版集團世界圖書出版公司以及台灣五南圖書出版股份有限公司合作，同步推出八開本的中文簡體、中文繁體版，並在北京、香港等十多個城市舉辦紀念辛亥革命一百周年的展覽，圖書和展覽均獲得社會各界廣泛好評，本書一時洛陽紙貴，到現時，要在坊間尋找這個版本也成一件難事。

《壹玖壹壹》不只是一個年份，而是中國近代史的縮影，濃縮了影響中國歷史進程的眾多重大歷史事件，比如居其間的甲午戰爭，滄桑一瞬，到 2014 年已滿一百二十年，至今依然激起波瀾。

因是之故，我們重新調整版面文字，以十六開本形式再次出版，讓更多歷史研究者、歷史教育學者，更多影像收藏家，更多教師和學生可以直視歷史，沉思未來。

商務印書館（香港）有限公司
後浪出版諮詢（北京）有限責任公司
2014 年 5 月